ISİSTMARİN ÖTESİNDE

Radikal Canli

DR. LİSA COONEY

Gigi, Donna, Ramona, Mathes, Sage, Mandi, Laura, Tara, Linda, Reid, Krista, Jen, Megan, Sage, Anna Lena, Rebecca, Linda ve sahne arkasında yorulmaksızın çalışan diğer sayısız bilinci arayanlara, bu yaratımın oluşması sırasında sağladıkları tüm lojistik destek sayesinde seyahat ederek Radikal Canlılık'ı geçmişlerinin ve istismarın ötesine geçmekte zorlanan insanlara götürmemi sağlayan herkese sonsuz şükranlarımı sunuyorum.

Happy Publishing Yayınevinin CEO'su Erica Glessing'in bana elini uzatıp muhteşemliğimi fark etmesi ve sekiz ülkede en çok satılan kitap listelerinde birinci olmamı teşvik etmesi sadece profesyonel açıdan değil onun ötesinde de birçok şeyin ortaya çıkmasına neden oldu. Diğer Happy Publishing kitaplarında geçen içeriği bu kitaba dâhil edebilmem için tüm hakları tanıdığınız için teşekkürler, Happy Publishing.

Gary Douglas ve Dr. Dain Heer ve Access Consciousness® araçları. Sizi bulduğumda öylesine kaybolmuştum ki; ebeveynlerimden birinin ölümü beni tamamen farklı bir şeyin arayışına itmişti. Usta rehberliğiniz, nezaketiniz ve uzmanlığınız sayesinde travmanın ve istismarın katmanları altında KENDİMİ buldum. Yaptıklarınız ve olduğunuz her şey ilham kaynağı ve hediye oldu. Teşekkürler.

Voice America Empowerment Radyo programının başyapımcısı Sandra Rogers ve Voice America bana ulaşıp programa çıkmamı sağladılar. İstismarı dünyadan silmek ve insanları bütünüyle canlı yaşamaları için güçlendirme tutkum bu program sayesinde geniş kitlelere ulaştı.

Artık sesim duyuluyor ve internet sayesinde dünyadaki tüm ülkelerde veya şehirlerde duyulma olanağı var. İnsalar, eğer istismarın ötesine geçip bütünüyle canlı bir yaşam yaratmaya çalışıyorlarsa bu programı dinleyebilir ve bu kitabı okuyabilirler. Ve bu daha başlangıç.....

GİRİŞ

Yirmi küsür yıldır hayatımı başkalarına 'istismar hapishanesinden' kurtulmalarında ve kendileri için anlamlı ve mutlu bir hayat kurmalarında yardımcı olmaya adadım. Sunduğum kolaylaştırıcılık tarzıyla (-güç, cinsellik (alıp kabul etme enerjisi) ve incinebilirliğin denge halinde olması) ulaştıkları muhteşem sonuçlara hayran olan binlerce danışan ile çalıştım.

Bu kitapta geçmişinizdeki istismarların üstesinden gelmekle kalmayıp hayatınızı doyurucu bir şekilde yaşamanıza engel olan her şeyin ötesine nasıl geçebileceğinize göz atacaksınız.

Eğitimli bir psikoterapist olarak meslek hayatımın başlarında insanları yaşadıkları travma ve istismardan nasıl iyileşebilecekleri konusunda geleneksel düşünce yollarını takip ettim. Belki de kendimin en iyi öğrencisi olmasaydım bu hala devam ediyor olurdu.

Öğrendiğim her şeyi zor yoldan yani tecrübeyle edindiğim söylenebilir.

Açıklayayım...

Hayatımın ilk yirmi yılında son derece mutsuzdum. Yirmili yaşlarımın başında içki, uyuşturucu ve eğlenceyle kendimi hissizleştirmeye çalışıyordum. Kiloluydum, kendimi önemsemiyordum.

Bu umursamaz tavrım nedeniyle bir gece neredeyse ölüyordum.

Şiddetin hakim olduğu bir evde büyüdüm. Anlayacağınız bebeklikten yirmili yaşlarıma kadar cinsel, fiziksel ve duygusal istismara maruz kaldım.

Sürekli suçlu, çaresiz ve dehşet içinde hissettim. Yaptığım hiçbir şeyin faydası olmuyordu ve mutluluk ulaşılmaz görünüyordu. Benim için yaşamak dahi imkânsız görünüyordu. Hayatım her yönden istismarın kontrolü altındaydı.

Ben dâhil her şey yanlıştı.

Sanki hiçbir yere uyum sağlayamıyordum. Beni tek mutlu eden alkol ve kaçıştı. Hissizleşmek için elime geçen her şeyi içiyor veya kullanıyordum. Sanki var olmanın en iyi yolu sersemlik ve perişanlıktı.

Fakülteye başladığımda kampüste yere bakarak ve kambur bir şekilde yürürdüm. Bir gün bir profesörüm bana iyi olup olmadığımı sordu. Daha önce kimse bana bunu sormamıştı. Hiçbir zaman... O an gözyaşlarına boğuldum.

Profesörüm yaşadıklarımın tedavi edilebilir olduğunu fark etmemi ve bütün bunların ötesine geçip kendim için yepyeni bir hayat yaratabileceğim umudunu kazanmamı sağladı. Ben de bunu yaptım; yeni bir hayat yarattım.

Bugün hayal ettiğimin de ötesinde rüya gibi bir hayat yaşıyorum. Hem iş hem keyif için uluslararası seyahat ediyorum ve İstismarın Ötesinde Radikal Canlı ve Bedenlerimizle Alıp Kabul Etme Enerjisi sınıflarında kolaylaştırıcılık yapıyorum. Güzel bir evde çok sevdiğim biriyle birlikte yaşıyorum. 25 dönüm muhteşem bir arazide, 20 at, 3 köpek ve başka birçok şey ile birlikte... Arkadaşlarım ve sevdiklerimle besleyici ve destekleyici ilişkilerim var. Yaşam doluyum ve daima daha fazlasını seçiyorum.

Geçmişte hangi travma ve trajediyi yaşamış olursam olayım, bunların ötesinde seçimler yapmak konusunda her an hazırlıklıyım. Şimdiye kadar hiç olmadığım kadar mutluyum. Nihayet kendimi 'kabul' ettim ve bunu yapmanın yeni yollarını öğrenmeye devam ediyorum.

İSTİSMAR SINIR TANIMAZ

İstismar doğası gereği çok geniş bir alanı kapsar.

Hem bize yapılır hem de kendi içimizde yaratırız. Bu deneyimlerimizin en kuytu köşelerinde kendini aralıksız sürdürür.

Düşüncelerinizde, konuşmalarınızda, yaptıklarınızda ve yapmadıklarınızda ortaya çıkar.

Mali durumunuzda, para kazanma kapasitenizde, seçtiğiniz meslek ve işlerinizde kendini gösterir.

Sokaktaki komşunuz, hayatınızda tuttuğunuz arkadaşlarınız, kendinizi adadığınız veya adamadığınız eşiniz; tüm ilişkilerinizde kendini gösterir.

Aynı zamanda sağlığınızda, bedeninizin görünüşünde ve işlevinde, yediğiniz gıdalarda kendini gösterir.

Daha saymaya devam edebilirim...

Kendinizi bu devamlı ve aralıksız istismar deneyiminizin neresinde gördüğünüzün bir önemi yoktur. Önemli olan bunu kabul etmeniz ve bu yaşadıklarınıza meydan okumanızdır. Belki benim gibi çocukluğunuzda, çok küçükken istismarı travma ve dehşet olarak yaşadınız. Veya belki ebeveynleriniz siz küçükken boşandı ve siz babanızı veya annenizi bir daha hiç görmediniz. Belki de ebeveynleriniz para için kavga ediyorlardı ve siz şimdi bunu geçinmekte zorlanarak hayatınızda deneyimliyorsunuzdur.

Konunun alanı ve kapsamı ne olursa olsun hepsine kapımız açık...

Hepimiz 'her şey dahil' evreninde yaşıyoruz.

TUTSAKLIKTAN ÖZGÜRLÜĞE

Sizin için mevcut deneyimlerinizin ötesinde yaşamak neye benzer? Kalbinizde hangi hayalleriniz saklı? Bilincin hangi fısıltılarını duyuyorsunuz?

Belki biliyorsunuz belki de bilmiyorsunuzdur. Bana gelen herkes ilk başta bilinçli bir şekilde ne istediklerini bilerek başlamaz. Yıllar süren inkâr, yargılama ve istismarın yaşam üzerinde bedeli çok ağır olur ve bazen size sadece ancak sağ kalabilecek kadar ufak bir yaşam kırıntısı kalır.

Bu kitap size benim 'istismarın görünmez kafesi' diye adlandırdığım şeyden nasıl özgürleşebileceğinizi gösterecek.

Neyin mümkün olduğu ile ilgili zihninizde yepyeni kapılar açacak ve size her zaman, her yerde uygulayabileceğiniz kavramlar verecek. Geçmişinizde istismarın olup olmamasının hiçbir önemi yok çünkü bu prensip ve fikirler herkes için işe yarayabilir.

Diğer yönden, eğer geçmişinizde istismar var ise bu sizin için bir can simidi olabilir.

Bir not: Eğer kullandığım bu kavramların bazıları ve dili size yeni geliyorsa, bu iyi bir şey. Hayır, yazım hatası değiller, bir şeyleri ifade ederken kullandığım belirli yöntemlerin kendine özgü dili. Psikoterapist olmama rağmen, birçok alternatif şifa terapileri ile ilgili eğitim ve lisans aldım. Bu nedenle bazen kelimelerimi bunların arasından seçebiliyorum. (Eğer daha fazla bilgi almayı arzu ederseniz www.DrLisaCooney.com web sitesini ziyaret edebilirsiniz.)

Kesin olan şey şu: Eğer burada okuduklarınızı uygulamaya geçirirseniz, sizi bezdiren veya yaratmak istediğinizi seçmenize engel olan her şeyden kurtulabilirsiniz.

Bu sizi benim *Radikal Canlılık olarak adlandırdığım* bütünüyle yaşam dolu yere doğru taşır... Bir an önce bunları sizinle paylaşmak için sabırsızlanıyorum.

Haydi başlayalım.

Dr. Lisa Cooney

GERİ BİLDİRİMLER

Dr. Lisa Cooney muhteşem bir kolaylaştırıcı. En ince detaylar arasından konunun ne olduğunu anlayıp, şefkatle sizi oradan çıkarır. Kuytu köşelerinizde tüm sakladıklarınıza parlak ışık tutarak nasıl çıkabileceğinizi bilmediğiniz yerlerden çıkabilmeniz için yol gösterir. Kendime ve sevdiklerime neyi niçin yaptığımla ilgili tonlarca değişim ve farkındalık yaşadım. Hayatımın en derin ve karanlık travmalarını bile değiştirebilecek araçlar veriyor bana. Kendi muhteşemliğimi ortaya çıkarmama yardımcı oldu. ŞİMDİ hayatımda GERÇEK SEÇİMe sahibim; seçtiğim gibi özgürce yaşıyorum. Dr. Lisa Cooney'nin kolaylaştırıcı olduğu beden sınıfları ve radikal canlı yaşama sınıflarını kesinlikle öneriyorum.

— SHERRI JORGENSEN

Dr. Lisa'nın İstismarın Ötesinde Radikal Canlı olma ve yaratma hakkında konuştuğunu ilk duyduğum andan itibaren hayatım çok değişti. İstismarlı geçmiş ile özdeşleşmemek; onun bilgeliğinin istismarın da ötesinde her şeyi ne kadar değiştirebileceğini görmek beni çok şaşırttı. Bedenimle ilişkim farklı ve daha iyi ve bedenimle hiç olmadığı kadar eğlenip daha çok anda oluyorum. Başkaları ile ilişkilerimde daha rahatım ve işimde başkalarıyla birlikte çalışabiliyorum ki daha önce bundan kesinlikle kaçınıyordum. Her şeyden önemlisi... Bütünüyle yeni bir seviyeden seçimlerimi yapıp benim için uygun hayatı yaratıyorum. Bunlar şu ana kadar Radikal Canlılık'ın bana sunduklarından birkaçı. Bundan daha iyisi olabilir mi?

— DONNA HILDEBRAND

Dr. Lisa ile çalışmak şimdiye kadar kendim için yaptığım en iyi şey! Hayatım öyle değişti ki geçmişte bunun sadece hayalini kurabilirdim. Daima kurban olarak yaşadığım hayatı geride bıraktım. Bu süreçte her yönden – fiziksel, zihinsel, duygusal ve spiritüel olarak – daha özgüvenli ve daha sağlıklı oldum. Korkunç işimden istifa edip gelirimi ikiye katladım ve yeni bir iş yarattım. 45 kg'dan fazla kilo verdim, sevgi dolu birisi ile sağlıklı bir ilişkim var. Teşekkürler, teşekkürler, teşekkürler.

— TRICIA

Dr. Lisa öyle güçlü ve kendini adamış bir şifacıdır ki; ona gösterilen her türlü tıkanıklığı kavrayıp dönüştürebilir. Bu özelliği herkesin en derin korkularının, tıkanıklıklarının ve derinde yatan inançlarının su yüzüne çıkıp şifalanmasına izin veren çok güçlü bir güven ortamı yarattı. Dünyanın en güçlü şifacılarından birisiyle çalışmak olağanüstü bir armağan.

— STEPHEN

Lisa en İYİSİ! Eski altın madalya sahibi ve dünya şampiyonu olarak bireyleri güçlendirme ve şifalandırma konusundaki çığır açan çalışmasını tümüyle destekliyorum. GERÇEKTEN İŞE YARIYOR!

— PATRICK

Bu kitap size ithaf edilmiştir Sevgili Okur, kendiniz için yeni olasılıklar seçtiğiniz için teşekkürler. Geçmişinizden özgürleşmeyi seçtiğiniz için teşekkürler. Her ne trajedi, travma veya sınırlama yaşadıysanız veya yaşıyorsanız, güçlü, kudretli yaratıcı olduğunuzu ve her zaman durumun ötesinde seçim yapabileceğinizin farkında olduğunuz için teşekkürler.

Biraz olsun benim gibiyseniz, bir veya birçok kez depresyon, hastalık, yokluk ve yalnızlık rahat-sızlığına yakalanmışınızdır. Bu kitapta verilen araçlar ve kelimeler iyileşmemde ve kendimi tam ve özgür ifade etmemi geri kazanmamda önemli ölçüde yardımcı oldu. Basit ve pratik olmaya çalıştım. Umarım siz de faydalı bulursunuz.

Travma ve istismar söz konusu olduğunda, işlerin o kadar basit olmadığını ve görünenden çok daha fazlası olduğunu biliyorum. Asla ümitsizliğe düşmediğinizde, asla pes etmediğinizde ve asla vazgeçmediğinizde bu çalışmanın sizin de işinize yarayabileceğini bilmek belki huzur ve hatta teselli bulmanızı sağlar.

Size ilham olmasını ve travmanın İstismarın Ötesinde Radikal Canlılık'a dönüşmesini umarım.

Arkadaşlarım:

KENDİNİZİ seçin

Kendinizi KENDİNİZE adayın

Evrenin SİZİ kutsadığını bilerek onunla işbirliği yapın.

KENDİNİZ için ve KENDİNİZ ile yaratın

İSTİSMARIN GÖRÜNMEZ KAFESİNİN ÖTESİNE GEÇMEK

İleri gitmek basittir. Zor olan geriye bıraktıklarınızdır.

— *DAVE MUSTAİNE*

"Çocukluğunuzun erken yaşlarında yaşamış olduğunuz istismarın detaylarını anlatabilir misiniz?"

Editörüm bana bu soruyu sorduktan sonra uzun bir sessizlik oldu. Kısa süre önce *İstismarın Kıçına Tekmeyi Vurmak* kitabımın ilk taslağını okumuştu ve istismar geçmişimdeki bazı boşlukları doldurmak istiyordu. Her şeyi hatırlayabilmem için bana bir dakika vermesini istedim.

Tam sekiz dakika sonra ona tüm detayları listelemeye başladım.

Bu sekiz dakika süresince bedenimi taradım ve uğradığım tacizin tüm ağırlığını hatırlamama rağmen maruz kaldığım yirmi yıllık fiziksel, cinsel, duygusal, maddi, ruhsal ve fizyolojik istismarın artık bedenimde barınmadığını fark etmek beni hayrete düşürdü.

Ona detayları anlatırken sanki kendimin değil de bir danışanımın veya bir arkadaşımın hikâyesini anlatıyormuşum gibi geldi. Kendimden kopmak veya ayrışmaktan ziyade istismar hikâyemin ötesinde bedenlenmiştim.

İstismarın ötesine gitme yolculuğumda ne kadar yol kat ettiğimi fark edince gülümsedim.

Bana yardımcı olan şeylerden birisi farklı bir realitenin varlığını gösteren kişisel gelişim kitaplarını – şu anda sizin de yaptığınız gibi – okuyup cümleleri işaretleyip kelimeleri neredeyse sayfadan çıkarıp tamamen içselleştirmemdi. Yaşadıklarımın başkaları tarafından anlaşıldığını bilmek bana umut verdi ve kesinlikle yalnız olmadığımı keşfettim.

Başka şeyler de yaptım. Örneğin, uzun yürüyüşler ve meditasyon yaparak, yüzerek, bisiklete binerek istismarı benden çıkartmaya çalıştım. Danışmanlık hizmeti aldım ve hatta kendim psikolojide yüksek lisans ve doktora yaptım. İstismarın ötesinde bir yol bulmaya kararlıydım ve klinik, enerjetik ve psikolojik olarak kendimi devamlı eğitmeye adamıştım.

Seminerler üstüne seminerler verdim ve başkalarını kendi istismarlarından özgürleştirirken kendimi de özgürleştirdim ve durmadım. Bu gezegenden istismarın her şeklini kazıyıp yok etmeye adanmışlığım ROAR'ınızı Yaşayın hareketi (İstismarın ötesinde Radikal Canlı Yaşam) ile devam ediyor.

İSTİSMARIN ÖTESİNE GEÇMEK: İYİLEŞMEDE YENİ PARADİGMA

. . .

BELKI CINSEL, FIZIKSEL, RUHSAL, FINANSAL VEYA DUYGUSAL istismara uğradınız. Bu bir kerelik bir olay veya birçok kez tekrar etmiş durum olabilir.

Şimdiye kadar yaşadığınız istismarı şifalandırmak için belki tonlarca para ve enerji harcayıp istediğiniz sonucu elde edemediniz. Bu anlaşılabilir bir durum. Bunun sebebinin maalesef istismarın ötesine geçmek için kullandığım yaklaşımdan önceki bir çok araç ve uygulamanın kendimizi düzeltmek ve kendimizi yaşadığımız istismar hikayesi ile tanımlamak hakkında olduğunu fark ettim.

Özgürleşmek için kendimizi düzeltmemiz gerektiğine inanmıyorum. Bu modeli kabullendiğimizde, kendimizde bir şeylerin yanlış olduğunu varsayıp sorunu düzeltmek için çözümler ararız. Bu dipsiz bir kuyuya benzer. Hiçbir zaman dibini bulmayı başaramazsınız; çünkü kendinizi asla düzelmiş, tam ve bütün hissetmezsiniz. Bunun yerine kısır döngü içinde dönüp dolaşıp bunun bir gün sona erip ermeyeceğini merak edip sonunda tamamen iyileşmiş olacağınız günü bekleyip durursunuz. Oysa ki İstismarı iyileştirmek katman katman olur, bazen de birçok katman...sizin için doğru olanlara odaklanarak istismarın ötesine geçmeniz için sizi güçlendirmek dönüm noktasıdır.

Bu bölüm -ki bir kısmı yakında çıkacak olan *İstismarın Kıçına Tekmeyi Vurun* kitabımdan alıntıdır- istismarın ötesinde iyileşmenin yeni yolunu anlatmaktadır.

Kendinizi düzeltmeye ve yaşamış olduğunuz istismar ile kendinizi tanımlamaya gereksinim duymadığınızı keşfedeceksiniz. Ayrıca başınıza gelen bir veya birçok hadisenin tüm yaşamınıza hükmetmesini sonlandıracak seçimi nasıl yapabileceğinizi keşfedeceksiniz.

. . .

İSTİSMARIN GÖRÜNMEZ KAFESİ

BEN HAYATIMIN BÜYÜK BIR BÖLÜMÜNÜ GÖRÜNMEZ BIR kafesin içinde geçirdim.

Görünmez diyorum, çünkü sessiz bir mahkûm olarak içinde yaşamama rağmen var olduğunun farkında bile değildim. Bırakın kelimelere döküp bir mesajla şekillendirip dünyayla paylaşmayı, sadece onu adlandırmak bile on yıllarımı aldı. Hala ne zaman tacize uğramış bir kişiye görünmez kafesten bahsetsem, yüzlerinde bir onaylama ve rahatlama beliriyor. Belki siz de bu satırları okurken aynı şeyleri yaşıyorsunuzdur.

Kafes, inceden, hemen fark edemeyeceğiniz bir şekilde sizde bir yanlışlık olduğu yargısını barındırır ki bunun gerçek olduğunu en başından kabullenmişsinizdir. Başka bir ifade ile istismara uğradığınız için kendinizi kötü veya yanlış algılarsınız. Bu "yanlışlık" sizin gerçeği deneyimlediğiniz ve algıladığınız filtre haline gelir. Bunun sonucu olarak hayatınızı uğradığınız istismardan yola çıkarak yaratır ve kendinizi bunun içine hapsedersiniz.

Kafesiniz, bir hayalet gibi kulağınıza sürekli fısıldar. Zorluklarla karşılaştığınızda fısıldar. Hayatınızın iyi olduğu dönemlerde dahi durmaz. Hatta o dönemlerde sesi, sizi umutsuzca istismarın kafesinde tutabilmek için daha da yüksek çıkar. Kafesin sınırları içinde yaşamak sizi tanıdık olduğunuz bir yerde tutar. Ne kadar çok kafesin dışında yaşamayı arzulasanız da kafese kapatılmış olmanın garip bir rahatlığı vardır.

Kafesin temeli yokluğa, sınırlamalara ve yalana dayalıdır.

Kafes sizi özgürlüğün, keyfin ve olasılıkların dışında tutar.

Kafesin içinde yaşamak sesiniz olmadan yaşamaktır. Dünyada konuşabilir ve işlev görebilirsiniz, ancak içinizde bir parçanız, öldürülmüş ve uyuşturulmuş bir parçanız gerçeklikten izole edilmiş, susturulmuş ve kopartılmıştır.

Kafesin içinde yaşamak bazen o kadar büyük bir acı verir ki, her zaman orada olmayı seçmezsiniz. Bunun için kendinizi uyuşturur veya kendinizden kaçarsınız. Bunu gün içinde periyodik olarak yaparsınız, bedeninizden ayrılırsınız. Bunu daha fazla yapabilmek için yemek, içki, uyuşturucu ve ilaç da kullanabilirsiniz.

Siz, gerçekte olduğunuz varlığın kabuğu haline gelirsiniz.

Kafesin tam da böyle yapmanız için tasarlanmış olduğu yerde hayatınızı sürdürürken bir yandan da neden kendinizi sabote ettiğinizi merak edersiniz; geniş bir alandan hayatı kucaklamak ve 'evet' demek yerine, hayatla savaşmak ve sıkışmış bir alandan 'hayır' demek. Bunu yaparak hayata, geçmişteki istismarın kalıplarından yola çıkarak kafesin içinden tepki vermeye devam edersiniz. Bu da yaşadığınız istismarı sürekli canlı tutar.

İstismar kafesinin içinden yaşamanın hayatınızın tüm alanlarına yansıdığını fark etmiş de olabilirsiniz. Dünyayı istismar lensinden bakarak filtrelediğiniz zaman sanki daha da fazlasını kendinize çekiyormuşsunuz gibi gelir ki bu kendinizi daha fazla suçlamanıza sebep olur. 'Kendi realiteni kendin yaratıyorsun' gibi cümlelerin de hiçbir faydası olmaz. İstismar kalıpları sürekli kendini canlı tuttukça ve bu kısırdöngüyü nasıl durdurabileceğinizi bilmediğinizde, sizinle ilgili bir şeylerin yanlış olduğu duygusu daha da artar.

İstismar realitemizi yansıttığı için çoğunlukla kafesin içinden çıkan şudur; algımız çıldırmanın yumuşak bir haline dönüşür.

Doğru görünen yanlış veya tam tersi olabilir. Güvenmememiz gereken insanlara güvenip güvenebileceğimiz insanlara da güvenmeyiz. Oluşturmak ve ortaya koymak istediğimizi söylediğimiz tüm o şeyleri temsil eden insanlar hayatımıza gelmiş olsalar bile biz onları uzaklaştırırız; çünkü onlarla bağ kurmak kafesin dışında yaşamak anlamına gelir ve bunu yapmak bizim için rahatsız edicidir.

Etrafta görünmez kafesin içinde dolaşıp durduysanız, muhtemelen tek seçeneğinizin bu olduğunu varsaymışsınızdır. Aslında birlikte çalıştığım birçok insana seçim fikri ilk anda kafa karıştırıcı gelir. İstismara uğradığımız için hayatımızın hep ıstırap ile geçeceği masalına inandırılmış ve bunun birçok kanıtını hayatınızda görmüşsünüzdür.

Ancak istismarın görünmez kafesinde sessiz mahkûm olarak yaşamak tek seçeneğiniz değil.

İSTİSMARIN KAFESİ İLE ARKADAŞ OLUN

DÜNYADA ON BİNLERCE İNSANA ISTISMARIN ÜSTESİNDEN gelmeleri için verdiğimiz destek sırasında, hızlı bir iyileşme ile kafesten çıkmanın her zaman mümkün olmadığını fark ettim.

Öncelikle farkındalığımızı yükseltmemiz ve kafesi kabul etmemiz gerekir.

Belki de şu anda ilk defa uyanıp kafesin varlığını fark ediyorsunuzdur. İnsanlar kafesten bahsettiğimde sıklıkla "Ah, demek aslında olan buymuş", diyorlar ve genellikle adlandırılamamış olan bir şeyi kelimelere döküyorlar.

Bu bir filin odada hep sıçtığı ve herkesin daima sessizce etrafından dolaştığı duruma benzer. Artık daha fazla görmezden gelmiyoruz. Ortalık kokuyor ve şimdi bununla başa çıkacağız.

Kafesin varlığını kabul ettikten sonra içinde yaşadığınızı da kabul edecek hale gelirsiniz. Aslında kafes sizin iyileşme sürecinizde en büyük müttefikiniz; sizi korunma ihtiyacınız olduğu dönemde korudu.

Güzel olan, kafesi kucaklayıp da aynı zamanda kendinizi kapatmak yerine başka bir şeyi seçtiğinizde yumuşarsınız; acınız ile birlik olma olasılığına açılırsınız. Neticede kafesin parmaklıklarını çözmenin ve özgürlüğe, neşeye ve ondan bağımsız var olabilme olasılığına adım atmanın tek yolu budur.

Kafesten çıkmak için gerçekte bir şeyi 'geri almanıza' gerek yoktur. Benim yaklaşımımın şimdiye kadar deneyimlediğiniz diğer terapilerden köklü farklılığı işte burada: İstismarı sürdürmek yerine farklı birçok seçimi nasıl yapacağınızı öğrenirsiniz. Her şeyden önce kafesi yaratan deliliğin ötesinde kendiniz ile bağlantı kurmayı keşfedersiniz. Başınıza geleni (tek veya birçok kez olmuş olabilir) hayatınızın tamamı haline getirmeden yaşamayı seçersiniz.

Kendi hayatınızda görünmez kafesin nasıl ortaya çıktığını fark ettikçe tüm realiteniz dönüşmeye başlayacaktır.

İSTİSMAR KAFESİNİN DIŞINA ÇIKMAK

Acı GERÇEK ŞU Kİ, ISTISMAR ÇOK ZAMAN ÖNCE gerçekleşmiş olmasına rağmen siz hala kendinize istismarcınızın size davrandığı gibi davranmaya devam edersiniz.

Bunu neden yaparsınız?

Görünmez istismar kafesi sizi bir şekilde yanlış veya kötü olduğunuz inancında tutar; kendi hayatınızı yaşamayı hak etmediğinizi bunun yerine başkalarının düşündükleri şekilde veya sizden yapmanızın istendiği şekilde hayatınızın olması gerektiğini düşünürsünüz (aynen istismara uğradığınızda olduğu gibi: sizden ne istendiyse onu yaptınız ve sizin ihtiyaç-larınızın bir önemi yoktu).

Kafesle arkadaş olduğunuzda kendinizle savaşmayı bırakırsı-nız. İşte burası kendinizi seçmeye ve kendinizi hayatınıza adamaya başladığınız yerdir.

Bu neye benzer?

Kendinizi hayatınıza adamak, her ne olursa olsun, seçtiğiniz şeyin arkasında durmaktır. (İçimdeki İrlandalı Savaşçının söylediği gibi) Asla teslim olmamak, asla vazgeçmemektir. Ancak bu zorlamak, *çaba sarf etmek, dışlamak ve kavga etmek* ile ilgili değildir.

Hayatınızı kendiniz için yaşamak için artık herhangi bir şey kanıtlamanız veya savaşmanız gerekmiyor, sadece onu seçme-lisiniz. Kendini hayata adamak ağır değildir, aslında bunu kendiniz için seçtiğiniz zaman mümkün olan kolaylık, hafiflik, neşe ve eğlencedir. Ve bu şimdiye kadar hiç deneyimlemedi-ğiniz nezaketi kendinize göstermenizi gerektirir.

Kendinizi hayatınıza adadığınızda bazen daha büyük bir duvara toslayabilirsiniz.

Binlerce insana cinsel istismarlarının üstesinden gelmelerinde yol gösterdim ve gözlemlediğim en büyük zorluklardan biri istismar öykülerini geride bırakmaları oldu. Öyküler ve öykü-lerindeki kurban rolü, onları kendi hayatlarına adanmaktan alıkoyuyordu. İstismarın ötesinde yaşama olasılığından çok sanki kendilerini daha çok istismar öykülerine adamışlardı. Ben de bunu yaşadım. Bunu biliyorum. Hâlbuki bunun istismarın kafesinden radikal canlılığa geçiş yolculuğunda sadece bir 'evre' olması gerekir.

İstismar hikâyenize tutunursanız, kendinizi "kurban" rolüne hapsetmeye devam edersiniz. Sanki "hep olaylar sizin başınıza gelir"; siz koşulların kurbanısınızdır, ne yaparsanız yapın her hâlükârda siz mağdur edileceğinize göre, ne diye umursayasınız ki?

Bu şekilde istismar, kendinizi hayatınıza adamamanız için harika bir mazeret haline gelir.

Fakat size göstermek istediğim başka bir olasılık var.

İstismar öykünüzü bir kenara bırakıp istismarla ilgili içinizdeki ıstıraptan kurtulmak için destek aldığınızda ve istismar kafesinden ve yanlış olduğunuz duygusundan uzaklaştığınızda yepyeni bir şey için alan açılır:

Kendi 'olağanüstülüğünüzün' farkına varmak.

Artık istismarın hayatınızı yönetmediği bir alanda, hayallerinizin de ötesinde bir yaşamı oluşturan, yaratan ve Radikal Canlılık yaşayan biri olursunuz —.

Gelecek bölümde istismar kafesi ve onun doğal yaratım yeteneğiniz üzerindeki etkisi hakkında daha çok şey öğreneceksiniz.

BÖLÜM 2

OLASILIKLAR ALANI OLARAK YARATICILIK

Olasılıklar içinde yüzüyorum.

— *EMİLY DİCKİNSON*

İstismar yaratıcılığın en büyük engelidir.

Gerçeği söylemek gerekirse yaratıcılığa engel olan istismarın kendisi değildir. Birçok vakada danışanlarım beni görmeye geldiğinde istismar olmuş bitmiş olur. Bu geçmişlerinde bir tek olay veya on yıllarca süren bir dizi istismar olmuş olabilir.

Her iki durumda da insanların tarif ettikleri 'sıkışmışlık' duygusu: Hayatlarını bütünüyle yaratmalarına engel olan bir tür yıkıcı bir kuvvete, sanki görünmez bir kafese hapsolmuşlar.

Yaratıcılığa en büyük engel gerçekte *istismar kafesidir.* İstismar kafesi, yıkımın, kendinden vazgeçmenin, ayrılmışlığın ve soyutlanmanın sürmesini sağlar ve içinde hapsolduğunuzda kendinizi sürekli alçaltıp güçsüzleştirirsiniz.

. . .

İSTİSMARIN GÖRÜNMEZ KAFESİ

EĞER ISTISMARA UĞRADIYSANIZ SAĞLIK, ILIŞKILER VE PARA akışı konularında sınırlamalar olarak kendini gösteren geçmiş istismarın kısır döngüsü içinde kolayca sıkışıp kalabilirsiniz.

Özünde, hayatınızda en çok keyif aldıklarınızı üretme ve yaratma kapasiteniz engellenmiş olur. Bir bozuk plak gibi sürekli aynı şarkı tekrarlanır; "Yapamam", "Ne yapayım, bilmiyorum" ve "Benimle ilgili bir şeyler yanlış".

Böyle boğucu bir baskı altında yaratıcılığın ateşi nasıl yakılabilir? Ve görünmez bir kafesin içine hapsolmuşken yaratıcılığın enerjisini nasıl ortaya çıkarabilirsiniz?

YIKIM YARATIMDAN YAYGINDIR

ASLINA BAKARSANIZ HAYATINIZI YARATMAK YERINE gerçekte *bilinçsizce* yıkım enerjisini *seçersiniz*. İnceden inceye ancak yaygın bir şekilde yaratmayı arzuladığınız her şeyi yok edersiniz. Bu ilişkilerinizi baltalamak veya sonlandırmak, kendinizi iflasa sürüklemek veya finansal açıdan borçlanmak ve/veya bedeninize yıkıcı bir şekilde davranmak şeklinde olabilir ve bütün bunları yaparken asla başka bir seçeneğin var olduğunun farkına varmazsınız. Bu tıpkı akıntıya karşı kürek çekmek gibi sürekli bir mücadele, engel ve felaket ile karşı karşıyaymışsınız gibi görünür ve hissettirir.

Neden böyledir?

Çünkü uyumsuzluk ve çatışma aşina olduğunuz şeylerdir.

Uyum ve huzur ise size yabancıdır.

Görünmez kafes sizinle ilgili bir şeylerin yanlış olduğu yala-
nına dayanır. Sizin sınırlı olduğunuz ve sizde bir şeylerin eksik
olduğu hikâyesine dayalıdır. Kendi hakkınızdaki yargılarınız
(ve muhtemelen başkalarının sizin hakkınızdaki yargıları da)
sizi yıkmaya ve yok etmeye odaklanmıştır. Bunlar radikal canlı
yaşamı yaratmaya ayarlanmış değillerdir.

Bu çılgınca geliyor biliyorum. Neden herhangi bir insan haya-
tını yaratmak yerine yok etmeyi seçmek ister ki?

Hâlbuki yapmanız gereken tek şey yakından bakmak ve
tamamen dürüst olmak. Kendinize sorun:

Hayatımı yaratıyor muydum yoksa yıkıyor muydum?

İlişkilerimi yaratıyor muydum yoksa yıkıyor muydum?

Kendimle ilişkimi yaratıyor muydum yoksa yıkıyor muydum?

Parayla ilişkimi yaratıyor muydum yoksa yıkıyor muydum?

Bedenimle ilişkimi yaratıyor muydum yoksa yıkıyor muydum?

KENDİNİZE DÜRÜST OLUN

"GIRIŞTE" BAHSETTIĞIM GIBI HAYATIMIN ILK 20 YILINDA
fiziksel, cinsel, duygusal, zihinsel ve finansal istismara uğra-
dım. Bunu yapanlar farklı kişilerdi: aile fertleri, aile dostları,
kilise, modellik ajansı ve şifacılar.

Çocukluğum boyunca devamlı bana kötü olduğum söylendi ve ben de bu yalana inandım. Bu içinde yaşadığım kafes haline geldi.

Şifalanma sürecimde kendi yaşadığım istismar deneyimimi İstismarın Ötesi Devrim ve daha sonra Radikal Orgazmik Canlı Gerçeklik Hareketi (Live Your ROAR) için katalizör olarak kullanmaya kararlıydım. Bunu başarmak için öncelikle kendim ile dürüst olup nasıl da yaratmak yerine aslında hayatımı, ilişkilerimi, meslek hayatımı, mali durumumu, bedenimi, sağlığımı ve bütün olarak varlığımı yok ettiğimi görmeliydim.

Örneğin, ya onlar da içimdeki kötülüğü görüp çığlık atarak benden kaçarlarsa diye hiç kimsenin bana yaklaşmasına izin vermek istemiyordum. Eğer kötüysem ve kimse beni asla sevmeyecek ise yıkım dışında başka bir şey nasıl yaratabilirdim ki?

Çocukluğumda öğrendiğim dil kabalıktı, ben de yetişkin olarak ilişkilerimde bu dili kullandım. Birlik yerine çatışma yarattım ve bu boşanma ve umutsuzluk ile sonuçlandı.

Yirmili yaşlarımda bedenimin ihtiyaçlarını hiçe sayarak yıkıcı alışkanlıklar edindim: uyuşturucu, seks ve aşırı yemek yeme. Param vardı ancak başkalarının parası olmaması nedeniyle suçluluk duyuyordum. Ben de sevgilerini satın alma çabasıyla herkesin hesabını ödüyordum.

Bütün bu davranışlar beni, çocukluğumdan beri aşina olduğum, aynı istismar kalıplarını tekrar eden istismarın görünmez kafesinde hapsetti. Tek bildiğim hayatımı ve hayatımda olan her şeyi yok etmekti.

KAFESİN ÖTESİNE KÖPRÜ

. . .

BENIM IÇIN DÖNÜM NOKTASI, ÜNIVERSITE PROFESÖRÜMÜN bana ulaşıp 'her şey yolunda mı?', diye sorması oldu ve onunla yaptığım bu görüşme hayatımın yeni bir bölümüne köprü oldu. Profesörüm, yineleyen istismar kalıplarının dışında farklı bir yaşamın olduğunu fark etmeme yardımcı oldu.

Kendimi gerçekten hayatımı yaşamak yerine yıkımda tutan kafesten bir çıkış yolu bulmaya adamıştım. Psikoloji doktoru oldum ve düzinelerce şifa tekniği inceledim. Terapist ve şifacılarla çalışarak hem kendi şifalanma yolumda ilerledim hem de aynı zamanda danışanlarıma istismar kafesinin ötesine geçmeleri için kendi şifalanma yolculuklarında yol gösterdim.

Dünyanın her yerinde binlerce danışan ile çalıştım ve bugün yirmi yıl sonra, daha önce yaşadıklarımın istismarın kıçına tekmeyi atmak için bir katalizör olmasından dolayı onur ve şükran duyuyorum.

İstismar kafesinin kilitlerini açacak keşfettiğim anahtarları paylaşmaktan heyecan duyuyorum; çünkü kafesin ötesinde, köprünün ötesinde olasılık ve yaratım enerjisine dayanan bir yaşam biçimi var.

Bu yaşam biçimine ben *Radikal Canlı* diyorum.

RADİKAL CANLILIĞA HOŞ GELDİNİZ

ŞUNU HAYAL EDIN

Şen şakrak, yataktan zıplayarak uyanıyorsunuz, yaşadığınız için ve yeni günde başka nelerin mümkün olacağını göreceğiniz için mutlusu-

nuz. Baştan sona gününüz arzularınıza dayanan seçimlerinizle dolu... Ve bunlar öyle arzular ki her şey mümkün... Ve siz muhteşem bir üretim ve yaratım mıknatısısınız.

İnsanlar sizin etrafınızda olmayı seviyorlar. Sadece kendiniz olarak etrafınızdaki her şeyin enerjisini değiştiriyorsunuz.

İlişkilerinizin temelinde birlik ve uyum var. İlişkileriniz eğlenceli, kolay, mutlu ve karşılıklı. Bedeniniz sağlıklı ve hayat dolu. Siz enerji dolusunuz. Özel bir ışık saçıyorsunuz.

İşiniz olağanüstü büyüyor ve beraber çalıştığınız insanlar her ne yaratıyorsanız size neşeyle eşlik ediyorlar. Her yeni gün para, destek ve olasılıklar için yeni fırsatlar sunuyor.

Hayat eğlenceli bir macera... Neşe ve hafiflik bedeninize nüfuz ediyor. Kendiniz ile böyle bir birlik duygusu içinde olmanız sizi hayrete düşürüyor.

İnsanlar 'kendini değiştirmek için ne yaptığını soruyor ve siz de "Kendimi ve mutluluğu seçtim ve mümkün olduğunu bildiğimi yarattım" diye cevap veriyorsunuz.

İlham verici, değil mi?

Seçmeniz için sizi bekleyen hayat işte budur.

İstismar kafesinizin kilitlerini açacak anahtarları sunmama izin verin böylelikle siz de köprüden geçerek Radikal Canlılığı deneyimleyebilirsiniz.

SEÇMEK, KENDİNİ ADAMAK, İŞBİRLİĞİ YAPMAK VE YARATMAK
(4 C'LER: CHOOSE, COMMIT, COLLABORATE & CREATE)

BU DÖRT ANAHTAR DAHA ÖNCE GERÇEK ZANNETTİĞINIZ yalanlardan, sınırlamalardan ve geçmiş istismarın yıkıcı kısır döngüsünden kurtaracaktır.

1. *Kendinizi Seçin*

"Kendinizi seçin" ne demek?

Bir ilişkideyken kendiniz için değil de ona destek olmak için gereken her şeyi yapmanın neye benzediğini bilir misiniz? İşte bu kendinizi seçmediğinize dair bir örnektir. Kendinize zarar verme pahasına başkaları için bir şeyler yapmaya devam ettiğinizde onları kendinizden daha önemli kılarsınız. İstismarda da olan şey budur: İstismar edildiğinizde sizin arzularınız ve ihtiyaçlarınız yok sayılır.

Siz kendinizi seçtiğinizde sizin ihtiyaçlarınız ve arzularınız önemli olur. Yani siz öncelikli olursunuz. Hayatınızı yaratmaya başlarsınız.

Kendinizi seçtiğinizde kendinizi yok saymadan başkalarına da cömert ve yardımcı olabilirsiniz. Her seçiminizde ve ilişkilerinizde kendinizi dâhil edersiniz.

Kendinizi seçseydiniz neler yaratabilirdiniz?

1. *Kendinizi Kendinize Adayın*

KENDINIZI KENDINIZE ADADIĞINIZDA ASLA BOŞ vermezsiniz, asla vazgeçmezsiniz ve asla herhangi birinin veya herhangi bir şeyin sizi durdurmasına izin vermezsiniz. Her an her gün kendinizi seçmeye adarsınız.

Başka bir deyişle; asla pes etmezsiniz.

Hayatımın ilk yirmi yılında yaşadığım istismarların üstesinden gelebilme azmimin temelinde kendimi kendime adamam yatıyordu. İstismarın kafesinde yaşadığımı ve kafesin dışında başka bir şeyleri seçebileceğimi fark ettiğim an, kafesin dışına çıkıp köprünün diğer tarafına geçinceye kadar asla pes etmemeye kendi kendime yemin ettim.

Bununla birlikte istismar kafesinden kurtulmak için kendilerini ve kendi hayatlarına adanmayı seçen mümkün olduğunca çok kişiyi güçlendirmeye de söz verdim.

Kendinizi kendinize adadığınızda kendinizi tüm ilişkilerinizde her şeyinizle bütün olmaya adarsınız. Başkalarını mutlu etmek veya onlara uyum sağlamak adına kendinizden kopmazsınız. Aslında buradaki paradoks şudur; siz kendinizi kendinize adadıkça daha uyumlu ve karşılıklı daha tatmin edici şekillerde kendinizi başkalarına da adamaya açık olursunuz.

Kendinizi kendinize adasaydınız neler yaratabilirdiniz?

1. *Evrenle İşbirliği Yapın*

DAHA ÖNCE BELIRTTIĞIM GIBI, ISTISMAR KAFESININ içindeyseniz sanki sürekli akıntıya karşı yüzdüğünüzü ve hep bir mücadele, engel veya felaket ile karşı karşıya kaldığınızı hissedersiniz. Sanki bütün dünya size karşı gibidir.

Ben de uzun zaman buna inanmıştım. Herkesin bana karşı olduğuna ve her şeyi kendi başıma yapmam gerektiğine inanıyordum.

Bu bir *yalan*.

Gerçek şu ki, evren aslında sizi kutsamakta ve neşe ve başarınız için sizinle işbirliği yapmaktadır.

Tek yapmanız gereken; size katkı ve destek olmayı *arzu eden* farklı insanlardan ve olasılıklardan alıp kabul etmeye kendinizi açarak evrenle işbirliği yapmaktır.

Ve bu talep etmek kadar kolaydır.

Talep etmeye ve alıp kabul etmeye gönüllü olduğunuzda hayatınızı yaratmak için ne kadar çok şeyin size sunulduğunu keşfedersiniz.

Evren ile işbirliği yapsaydınız neler yaratırdınız?

1. *Hayatınızı Yaratın*

EVRENLE ŞU SORULARI SORARAK YENI BIR ILETIŞIM başlatabilirsiniz:

SIZIN IÇIN EĞLENCELI OLAN NEDIR?

Sizi ne mutlu eder?

Hayatınızı kendiniz için yaratsaydınız hayatınızda neler farklı olurdu?

Öncelikler sıralamasında en üstte başkalarına değil de kendinize odaklansaydınız kendiniz için neleri seçerdiniz?

ARZULADIĞINIZ ŞEYLERI ORTAYA ÇIKARDIĞINIZDA VE bunların en önemli önceliğiniz olmasına izin verdiğinizde kendiniz için ilham verici ve coşkun bir hayat yaratırsınız.

Hayatınızı yıkan değil de yaratan olursunuz.

Ve gerçekten bundan daha iyi ne olabilir?

YARATICILIĞIN ENERJİSİ

Bu DÖRT ANAHTAR SIZI KAFESTEN ÇIKARIP RADIKAL canlılığa ulaştıran köprüden geçirir. Böylelikle adım adım, teker teker seçim yaparak hayatınızı yok etmek yerine artık hayatınızı yaratırsınız.

ÖNCELIKLE KAFESI SORGULAMAKLA BAŞLAYIN KI ONU yaratan yalanların ve sınırlamaların sizin için gerçek olmadığını görün. Eski alışkanlıklarınız olan "Ben yapamam", "Ben ne yapacağımı bilmiyorum" ve "Ben hatalıyım" kalıplarını bırakmaya gönüllü olmalısınız.

Kafesi sorgulayıp başka nelerin mümkün olduğunu sorduğunuzda kafesten çıkıp başka olasılıklara giden köprüden geçersiniz. İstismar kafesinin ötesinde başka şeylere duyduğunuz arzularınız ileriye gitmenizi sağlayacak yakıttır.

Şimdi yaratılması talep edilen nedir? Seçin! Olasılıklar alanı olun.

Gelecek bölümde seçtiğiniz hayatı yaratabilmeniz için yararlanabileceğiniz benzersiz enerji hakkında bilgi edineceksiniz.

BÖLÜM 3

HAYATINIZI YARATMAK
"PARÇALARIN BİR ARAYA GELMESİ"

".....bence dünyada henüz görmediğiniz muhteşem birçok şey var. Onları görme şansınızdan asla vazgeçmeyin

— JK ROWLİNG (TWİTTER POST)

Bir şifacı olarak farkındalık alanından insanların hayatlarını dönüştürüp radikal canlı olarak yaşamalarına yardımcı oluyorum. Birçok danışanımın bir tür istismar geçmişi olduğundan bu dönüşüm muazzam ve dramatik olabiliyor.

Bu sıçramayı başarmalarının herhangi bir "sırrı" var ise, bunun *Ben bunu yaşıyorum! Her ne olursa olsun!* enerjisine doğrudan geçebilme yetilerini keşfetmeleri ve sahiplenmeleri olduğunu söylerdim.

Bu alanı seçtiğinizde devasa bir tilt makinası içinde yaşayan bir enerji topu gibi belirgin bir genişleme ve yoğunluğu aynı anda algılarsınız; boşluklardan geçerek uygun olmayan yerlerden zıplayıp sonunda olmanız gereken ve seçtiğiniz yere ulaşırsınız.

Nereden geldiğinizin, hikayenizin ne olduğunun, hangi istismar, travma veya felaket trajedilerinin sizin veya ailenizin başına geldiğinin, hangi ilişkilerinizin yürümediğinin, olmayan veya kaybettiğiniz paranın, hangi çatışma içinde olduğunuzun hiçbir önemi yok; bu *Ben bunu yaşıyorum!* enerjisi arzuladığınızı elde edene dek durmamanız fikrini yaratır.

Mecazi anlamda tilt makinesinde bir taraftan diğer tarafa savrulmanıza ve iki ileri bir geri gitmenize rağmen ne yaparsanız yapın üstesinden gelemiyormuşsunuz gibi gelse de sizin için yürümeyen bu hayatı değiştirene kadar kendinizi farkındalıklı hayata top mermisi gibi fırlatmaya devam edersiniz.

Ben bunu yaşıyorum! Her ne olursa!

İlk başta bu biraz zormuş gibi görünebilir. Bana "Sıkı çalış, sıkı oyna" sözünü hatırlatır ama aslında öyle de değildir. Çünkü *Ben bunu yaşıyorum!* Enerjisi gerçekten hafiftir ve sizi iten veya durduruyor gibi algıladığınız engellere rağmen ileriye doğru gitmeye devam etmek için azimli bilinç gerektirir. Aslına bakarsanız şunu söylersiniz, "Tamam, bu benim için yürümedi. Seçim farkındalık yaratır. *Ben bunu yaşıyorum! Her ne* olursa olsun! Peki, bir sonraki adım ne?"

Ve sonra o adımı atarsınız.

NE KADAR İLERİ GİDEBİLİRSİNİZ?

DANIŞANLARIMDAN BİR TANESİ, TAM DA 10 YILLIK EVLİLİĞİ dağılma aşamasındayken, bilincinin ona bebek sahibi olmasını fısıldadığını duydu. Her zaman bir bebek sahibi olmak istemiş ama birçok nedenden ötürü bu gerçekleşmemişti. Tüm bunlara rağmen halen içi içini kemiriyordu.

Bu dönemde benimle yoğun bir şekilde çalıştı ve bu fısıltıyı dinlemeyi seçti. Bunu yapar yapmaz her şey hızlı bir şekilde değişmeye başladı. Her ne pahasına olursa olsun kendi başına çocuk sahibi olmaya kararlıydı. Arzu ettiği hayatı yaratacak olan büyük kararları, boşanmak ve kendi başına çocuk sahibi olmak da dâhil, vermeye başlamıştı.

Arka arkaya engellere çarptı; tüp bebek doktorları, boşanma işleri karıştıracağından ilgilenmek istemediler. Hamile kaldığında ise çalıştığı şirkette yüksek mevkide itibarlı bir görevi olmasına rağmen bekâr bir anne olduğu için dışlandı.

Hayatı parçalandıkça sürece kendini adadı ve bilincinin artması için çalıştı.

Özünde şunu söyledi, "Bir çocuğum olacak. Özün enerjisini etrafımda hissediyorum ve bundan asla vazgeçmeyeceğim. Bunu yaratmayı ben seçtim. Bunun olması için ne yapmalıyım ve benim için doğru olan nedir?" Böylece bilincin bebeğin ruhu hakkındaki fısıltısını dinledi ve hamile kalmanın bir yolunu buldu ve bununla ilgili gerekenleri edindi. Şifa enerjilerinin araçlarını ve *Ben bunu yaşıyorum!* ve "Her ne olursa kendimi seçiyorum" enerjisini kullandı.

HÂKİM OLMAK VE TALEP ETMEK

TIKANIKLIK YAŞADIĞINIZ ŞEY HER NE OLURSA OLSUN, BIR şekilde, her nasılsa, bir iğne deliği kadar bile olsa sıkışarak geçebileceğiniz bir açıklık olacaktır. Bunu yapabilmeniz için sizin kendinizden bükülerek, kıvrılarak, sakatlanarak ve sıkışarak çıkmanız gerekmiyor.

Bunun yerine size sürekli, "Her şeye sahip olamazsın. Gerçek arzularını dile getiremezsin. Hayatını gerçekten dilediğin şekilde yaratamazsın" diyen tüm yükümlülüklerinizden, yemin, ant, ahit, anlaşma, kalıtım, atalar, inanç kalıpları ve fiziksel realiteden kendinizi "çıkartırsınız".

Sınırı aşıp bu enerjiye girdiğinizde etrafınızdaki bazı insanlar bundan rahatsız olabilir. Özellikle istismarcı ve "talepkâr" ebeveynlerle büyüdülerse ve aradaki farkı anlamıyorlarsa kendiniz için talep etmenizi, "talepkâr olmak" ile karıştırabilirler. Talep etmek güçlü "Ben bunu yaşıyorum!" duruşudur, diğerinin ise istismarcı bir tarafı olabilir. Temel olarak bunlar özünde birbirinden çok farklıdır.

Ne yazık ki söz konusu hayatları olduğunda, birçok insan aslında hayatlarına hakim olup onu kolaylıkla yaratmayı talep edebileceklerine inanmazlar ve bu nedenle hayatlarını "bekle ve gör" şeklinde yaşarlar. Başkasının değişime gönüllü olmasını, yaratımını ve başarısını bekleyip bunların üzerine atlayıp bir şey olmaya çalışırlar. Ancak başkalarının başarıları üzerinden yaşamını sürdürmek kendileri, işleri ve ilişkileri için oluşturucu ve yaratıcı enerji olmaktan çok emici enerji olur. Yani *"Ben bunu yaşıyorum!"* un tam zıttı. Bu daha çok "Onlar bunu yaşıyor, bakalım ben de bundan ne çıkar sağlayabilirim" gibidir.

Bu, sanki işleri onlar yürütüyormuşçasına "Hey, birileri bir şeyler yaşıyor ve bir şeyler mi yapıyor? Ben de onlara katılıp yapabileceğimin en azını yapıp çok fazla ortalıkta da görünmeden alabileceğimin en fazlasını tazmin edeyim, ne kendim için, ne de kendim ve başkaları ile ilgili herhangi bir talebim olmaksızın sadece benden daha büyük bir şeyin parçası olayım" demek gibi bir şey.

Tabii ki bu durumun hayatı daha ileriye taşımaya ve dönüştürmeye veya başkaları ve dünya ile işbirliğinin değişim katalizörü olmaya hiçbir faydası yok.

İnsanların yaşadıkları bu rehavet onları bıkkın, sürekli belirsizlik içinde ve "neyin" değiştirileceğini bekler durumda tutar. Tabii ki bir şeylerin daha fazlasını arzularlar ve bunun hakkında sürekli konuşurlar ancak asla bir şeyler oluşturup yaratmazlar. Kedinin kuyruğunu yakalamaya çalışması gibi onların düşünceleri de dönüp dolaşıp hep kendilerine döner.

"Bu neden sürekli başıma geliyor? Her şey sürekli bir mücadele. Ne kadar çok çalışsam da hiçbir şey yürümüyor. Neden her şey bu kadar zor? Neden başkaları için işe yarıyor da benim için bir türlü yaramıyor?"

Daha önce tarif ettiğim gibi hayatları kendi yaratmış oldukları enerji çubuklarından oluşan bir kafesin içinde hapsolmuş, daracık bir alana sıkışmıştır.

KENDİNİZİ ÖZGÜRLEŞTİRMEK
(4 D'LER: DENYING, DEFENDING, DISCONNECTING,DISSOCIATING)

İSTISMAR KAFESI BENIM 4 D'LER DIYE ADLANDIRDIĞIM dört sütundan oluşmaktadır. Altıncı bölümde bunları daha çok açacağız ancak şimdilik ne olduklarını bilmenizin faydası olacaktır.

İNKÂR (DENYING)

Savunma (Defending)

Bağı Koparma (Disconnecting)

Ayrışma (Dissociating)

Görünmez kafesin kilidini açıp dışarıya çıkmakla kalmayıp "köprünün" üzerinden Radikal Canlılığa ve *Ben bunu yaşıyorum! Her ne olursa!* enerjisine geçebilsinler diye çalışmalarımda insanlara görünmez kafesi fark etmelerine yardımcı olurum.

Bir önceki bölümden hatırlayacağınız gibi Radikal Canlılığın da 4 ögesi vardır.

Kendiniz için seçmek

Kendinizi kendinize adamak

Evrenin sizi kutsamak için çalıştığının farkında olarak onun ile işbirliği yapmak

Arzu ettiğiniz hayatı yaratmak

Bekliyorsanız seçim yapmıyorsunuzdur. Arka kapıyı açık bırakıyorsunuzdur ki böylece tilt makinesi içindeki dram ve travmadan başka bir şey yaratılmasın. İşte sizi güçsüzleştiren ve yıkan ve görünmez istismar kafesinin içinde kilitli tutan şey budur.

HERŞEY BU BÜYÜK ENERJİ İLE İLGİLİDİR

BEN BUNU YAŞIYORUM! BU BÜYÜK ENERJI ILE ILGILIDIR — veya pronoia

Rob Brezsny'nin pronoia'yı, *Paranoyanın Panzehri Pronoia, Düzeltilmiş ve Genişletilmiş: Bütün Dünya Sizi kutsamak için nasıl bir işbirliği içinde* kitabında "paranoyanın panzehiri olarak tarif ediyor. [Pronoia] evrenin temelde iyiliksever olduğu anlayışına dayalıdır. Bilincinizi ve zihninizi hayatın daima isteğinizi tam da istediğiniz zaman verdiği gerçeğini algılamanız için bir tür alıştırma."

Hiçbir şeyin hiçbir koşulda sizi durduramayacağı kadar güçlü olmayı seçebilirsiniz. Evet, başlangıçta belki iniş çıkışlarınız olur veya tilt makinası içinde ileri geri zıplarsınız ta ki tilt sihirbazı olana dek yani; odaklı, direkt, talepkâr ve arzuladığını muhteşem bir şekilde seçen. Çoğunlukla ilk başta her şey parçalanmaya ve dağılmaya başlar ve muhtemelen siz ilk başta bununla mücadele edersiniz. Fakat sizden ricam şu; bunu her şeyin yolunda olduğuna ve evrenin sizi kutsamak için çalıştığına dair bir işaret olarak algılayın. Bu parçalanma ve dağılma yaratma sürecinin temel ve doğal kısmıdır.

KİŞİSEL BİR DENEYİM

GEÇENLERDE PLANLADIĞIM 6 HAFTALIK BIR TURA ÇIKMAK için hazırlanıyordum ki aniden durup dururken, beklenmedik maddi talepler adeta üzerime yağdı. İlk tepkim, "Ah, şu anda bu işleri bırakıp gidemem, daha fazla çalışıp bunların hepsini ödemeliyim, zaten akıllıca olan bunu yapmak. Şimdi biraz dinlenmek veya başkalarına kolaylaştırıcı olmak için uçağa binip bir yerlere gitmemeliyim. Her şeyi halletmeden nasıl giderim?"

Bu kesinlikle "Sen bunu yaşayamazsın" sesiydi, hani "Gördün mü? Sana söylemiştim..... bunu yapamazsın" diyen ses. Ne zaman ilerleyecek olsak hemen bir travma yaratıp gerçekten olduğumuz sihirbaz, sihirli yaratıcı olmamızı engellememiz ne tuhaf değil mi?

Bu yetmezmiş gibi aynı dönemde "keyifli partnerim" ilişkimizi tek taraflı olarak terk edip 'bizi' bitirdiğinde romantik cephemde de her şey parçalandı. Muhtemelen ben farklı davranırdım ve bazen bazı şeyleri birlikte yapamayacağımızın tamamen farkında olarak, ki o zaman kendi başınıza yapmalısınız, "Neleri birlikte yapabiliriz?" diye sorardım.

Peki, birileri bir seçim yaptığında ve bu sizin seçiminiz olmadığında siz ne yapabilirsiniz? Siz de seçim yapabilirsiniz. Bu *Ben bunu yaşıyorum! Her ne olursa!* seçimidir.

Böylelikle 6 hafta uzaklaşmayı, ilişkimi tamamen bırakmayı seçtim. Kendimi ve evrenin beni kutsamak için çalıştığını bilmeyi seçtim ve tüm bunlar mali yönden de yeni olasılıkları kolaylıkla ve zahmetsizce oluşturacaktı.

BEN BUNU YAŞIYORUM! BUNU SEÇİYORUM! KENDİMİ SEÇİYORUM!

BU ENERJIDE HER ŞEYI BIRAKMAYA GÖNÜLLÜ OLMAK VAR. Her şeye sahip olmak için her şeyi kaybetmeye gönüllü olmalısınız. Başta bu kötü bir şeymiş gibi görünse de, yakından baktığınızda, birçok şeyi zaten istemediğinizi, bazı açılardan bunların sizi zaten desteklemediğini genellikle fark edersiniz.

Kabul edelim...

"10 numara" olan bir şeyi istediğinizde tutunduğunuz o "9"u muhtemelen bırakmanız gerekir. İşte başlarda en zor olan bu form ve yapıyı bırakmaktır. Benim için sorun yukarıda paylaştıklarımı bırakmak değildi, benim tıkandığım konu; bu realiteyle uyum içinde olması için her şeyin belirli biçimde görünmesi gerektiğine "inanmaktı", ta ki değişim ruhu ile kendimi seçtiğim seçimler yapmayı, "Ben bunu yaşıyorum! Her ne olursa!" enerjisiyle radikal canlı yaşamı talep etmeyi anlayıncaya kadar. Kimi kaybedersem kaybedeyim, neyi kaybedersem kaybedeyim, kim beni terk ederse terk etsin, ben kimi terk edersem edeyim, kendimden asla vazgeçmeyeceğim.

Bu şekilde hayatınız parçalandığında aslında değişim enerjisini, ki bu genellikle uzun zamandır talep ettiğiniz gerçek değişimdir, algılayabilirsiniz. Bu değişimi yaşarken hayatıma baktığımda sanki tüm hayatım gözümün önünde parçalara ayrılıyor ve eriyip toprağa akıyor gibi hissediyordum. Tüm bu katılık, sıkıntı ve duyguların arasında sıkışıp kalmış olmama rağmen *"Ben bunu yaşıyorum!"* enerjisinde değiştirmek zorunda olduğum hiçbir şey olmuyordu.

Sezgisel olarak bu durumlarda yapılacak en iyi şeyin sadece bu enerjiyle oynamak ve tilt makinesinde topu genişletici ve hafif olana ulaştıracak tüm deliklerden geçirmek olduğunu keşfettim. Çoğu kez tam sihrin oluşacağı zaman vazgeçeriz.

Aslında durum şu şekilde...

Ya her şey aslında bir araya geliyor ise?

Ben bunu yaşıyorum! enerjisinde her şey parçalanıyormuş gibi görünebilir, fakat ya her şey bir araya geliyor ise?

Elbette böyle zamanlarda pratik bir seçim yapabilir ve gerçekten talep ettiğiniz ve istediğiniz her şeyden vazgeçebilirsiniz. Veya "Hayır bunu yaratabilirim, bunu yapabilirim, bu benim için gerekli, evrenle işbirliği yapıyorum, kendimi seçiyorum ve kendimi kendime adıyorum ve parçaları bir araya getirip hayatımı yaratıyorum." diyebilirsiniz.

Birçok şey artık farklı bir şekilde ortaya çıksa da siz kendiniz için talebin kendisi olduğunuzda evren sizi kutsamak için çalışır, bunu bilmelisiniz. Doğaya baktığınızda bunların tamamen doğal gelişim süreci olduğunu görürsünüz. Bir yangından sonra ne olur? Yeni bir yaşam doğar.

Yaratıcılıkta seçim ve yaratımın geniş alanına doğru hareket edildiğinde her zaman bir dağılma vardır. Bu Çinlilerin Feng Shui uygulamasında sürekli eşyaların yerlerini değiştirip tekrar düzenleyerek daha ahenkli ve zengin bir ortam yaratılmasına benzer. *Ben bunu yaşıyorum!* enerjisi, içinizdeki moleküllerin harekete geçerek şimdiye kadar olmasına izin verdiğiniz her şeyin ötesinde radikal canlı bir hayatı yaşamayı talep etmenin bedenlenmesidir.

HER ŞEY BİR SEÇİMDİR – *Sizin* SEÇİMİNİZ

BEN BUNU YAŞIYORUM! ENERJISI, YANI OLUŞTURUCU GÜÇ olmak beklemenin tersidir. Bir şeylerin "ortaya çıkmasını" beklemek, bir "işaret" beklemek veya her ne bekliyorsanız bunun bariz olmasını beklemek bunların hepsi gerçekten bahane. Kendinizi belki de çok uzun süre bekleme durumuna sokuyorsunuz.

İnsanlara sorarım, "Kendi hayatında talep olmak yerine bunu başka birinin senin adına yapması için yeterince beklemedin mi? Ya beklediğin enerji kendinsen?"

Başkalarıyla birlikteyken de kendinizi talep edebileceğinizin farkında mısınız? Ekibim ile birlikte ROAR'ınızı Yaşayın LLC merkezinde yarattığımız işte budur. Ekibimdeki herkes istismarın ötesine geçip radikal canlı yaşam yaratma katalizörü oldu ve kimse benim kanatlarımın altında uçmaya çalışmıyor. İşimize ne arzuladığımızı ve neye sahip olmak istediğimizi sorar sonra da bunu yaratırız. Biz talep olarak yaşarız ve evren de isteklerimizi kutsar.

Eğer siz *Ben bunu yaşıyorum! Her ne olursa!* enerjisindeyseniz, "bekleyen" insanların etrafında olmak sizin için en hafif ifadeyle zorlayıcı olabilir. Diyelim ki küçük bir işletmeniz var ve çalışanınızın para alıp kabul etme ile ilgili sorunları var. Belli ki siz o kişiyi paradan sorumlu olacağı bir görev için işe alırken bu sorununu bilmiyordunuz.

Sonrasında fark edersiniz ki, tahsilatların durumunu her sorduğunuzda ya bahaneler uydurur ya da siz banka ile görüşüp ödemenin reddedildiğini öğrenmiş olsanız dahi "Evet, müşteriler ile konuştum, ödeyeceklerini söylediler," gibi şeyler söyler. Siz ileri geri gitmeye devam edersiniz ve bu sürekli tekrarlanır.

Olan aslında şudur; onlar kendileri için para alıp kabul etmeyi reddettikleri için işletme için de para alıp kabul etmeyi bilinçsiz bir şekilde bloke ederler. Bunun etkisiyle para girişi bir bekleme oyununa dönüşür ve bu hem işinizin hem de ilişkilerinizin bozulmasına neden olur.

Para alıp kabul etmek ve tahsil etmek söz konusu olduğunda sahip olduğunuzun da ötesinde arzu ettiklerinizi seçmek kişisel bir güç gerektirir. Başka bir deyişle, *Ben bunu yaşıyorum! Her ne olursa!* enerjisi gerektirir.

Ben bunu yaşıyorum! oluşturucu enerjisi olmak 'kısıtlama olmadan ilerle ve onu yarat' demektir. Nerede olduğunuz veya nerede olmak istediğinizin bir önemi yok, yaratım süreci her zaman aynıdır ve tadını alacak kadar yakınlaştığınızda, işler kızışır, patlar veya parçalara ayrılır.

İşte tam o anda her şeyi bırakıp tamamen *Ben bunu yaşıyorum!* enerjisine girmenizin vaktidir, ki böylelikle her şey evrenle ve seçiminizle hizalanıp bir araya gelsin. Bu tamamıyla sizinle ilgilidir ve bu realitenin sizinle işbirliği yapmasına ve sizi kutsamasına ne kadar istekli olduğunuzla ilgilidir.

Ancak......burada "bir püf noktası" var.

Bütün bu destek için ne kadar istekli olduğunuz sizin gerçekten alıp kabul etme kabiliyetine sahip olduğunuz varsayımına dayalıdır ki tecrübelerime göre istismar edilmiş insanların çoğunun bu konuda sıkıntıları vardır.

Açık konuşmak gerekirse bunu pek de yapamıyorlar.

Hadi devam edelim ve 'geniş alıcı olmanın' gerekliliklerini keşfedelim.

BÖLÜM 4

NEZAKET.......İÇİNİZDE AKAN MUHTEŞEM GENİŞ NEHİR

Sürekli nezaket birçok şeyi başarır. Nasıl güneş buzun erimesine neden oluyor ise nezaket yanlış anlamaların, güvensizliğin ve düşmanlığın buharlaşmasını sağlar.

— ALBERT SCHWEİTZER

Siz nazik olmak için doğdunuz, bunu uydurmuyorum.

Scientific America'da yayınlanan "En güçlüler hayatta kalır kuralını unutun: Geçerli olan Nezakettir" röportajında aslında beynimize işlenmiş olanın nezaket olduğu anlatılıyor.

Herkes bunu yerine getirmiyor ancak bu doğuştan var olan bize verilmiş bir hediye.

Niyetim bu bölümde bu konuya ışık tutup belki de daha önce hiç aklınıza gelmeyeni göstermek çünkü nezaket gerçekten sadece basit bir fikir veya kibar olmaktan çok daha öte bir şeydir.

Aslında nezaket Albert Schweitzer'in çok güzel bir şekilde ifade ettiği gibi 'yanlış anlamaların, güvensizliğin ve düşmanlığın buharlaşmasına neden olan' bir kuvvet veya güçtür.

Ve eğer siz herhangi bir biçimde geçmişte veya şu an istismara uğradıysanız bu içinizdeki arkadaşla tanışmak isteyeceksiniz.

Şahsen ben yirmili yaşlarımdayken Aile İçi Şiddet profesörüm iyi olup olmadığımı sorarak nezaketin ne olduğunu bana gösterinceye kadar onunla arkadaşlık kurmadım. Profesörüm yirmi yıl süren istismar, travma ve şiddetin oluşturduğu beden dilimi fark etti. Omuzlarımı kendimi fiziksel, sözel ve enerjisel dayaktan korumak adına kulaklarıma değecek kadar yukarıya çekip kamburlaşmıştım.

Çocuk model olduğum dönemde katlanmak zorunda kaldığım cinsel taciz nedeniyle de bariz farklı davranışlar geliştirmiştim. En azından bu konuda tecrübeli olan gözler için barizdi. Bu istismar izleri hem yürüyüşüm duruşum hem de kendimle ve başkalarıyla iletişim şeklinde birçok seviyede içselleşmişti.

Bugün, 'somatik travma' olarak adlandırdığım bu biçimde olmak, fiziksel ve enerji yapımızın katılaşmış bir parçası haline gelir ve hücresel ve moleküler yapımıza sızarak bedenin içine kilitlenir.

Çok ağır geliyor, değil mi? Sanki ele geçirilemez bir kale gibi.

İyi haber ise nezaket de onu yıkacak bir mancınık gibidir.

YARGIDAN KALELER

Yargi ile ilgili konu şudur……

Yargı çok uzun zamandır, binlerce yıldır etrafımızda, öyle ki insanlar bunu bir 'yeti' olarak mükemmelleştirdi. Ancak en kötü yönü bu değil.

Yargı DNA'larımızın dokusuna işledi. Doğduğumuzda kolektif bilinçle tarih boyunca kuşaklarca taşınıp bize ulaştırılan yargıyı miras ediniriz. Bu ta ki birisi bu döngüyü kırana dek devam eder. Bu 'babaların günahı' konusudur.

Peki, bu döngü nasıl kırılır?

Mükemmel bir soru...

Bundan önce eğer bırakmazsanız yargının hayatınızda nelere neden olduğuna bir göz atalım.

Yargikendinize yalan söylemeye devam etmenize ve 'görünmez istismar kafesinde' kilitli kalmanıza neden olur ve bu da sizi kendinizden, yaşamdan ve kesinlikle arzu ettiğiniz yaşamı yaratmaktan uzak tutar.

Yargıdaralma ve sınırlama biçimidir. Kendi kendinizi yok etme ve yaygın bir kendini istismar düzenidir. Yargı, genişlemenin tam tersine, sizi küçük kalma ve mücadele etme durumunda tutar, kurban haline sokar ve sizi güçsüz, zırhlı ve uyuşuk kılar. Sonuç olarak kafesin ötesinde üretmek ve yaratmak yerine, istismar döngüsünü sürdürürsünüz.

Kendinizi yargıladığınızda kendinizin ebedi gardiyanı olup kendinizi kendi yanlışlığınıza hapsedersiniz. Yargı ne kadar "kötü" olduğunuzu bilmenin rahatlığına dönüşür ve asla şu anda olduğunuzdan daha fazla olmak zorunda olmamanızın garantisini verir. Görünmez istismar kafesini katılaştırır.

Başkalarınıyargıladığınızda ise aslında kendinizde görmeyi reddettiklerinizi savunur, onlarla bağınızı keser, inkâr eder ve ayrışırsınız. Bu dörtlünün amacı (savunma, bağı kesme, inkâr ve ayrışma), birliğin ve ait olmanın tam tersidir. Sizi izole edip ayırır.

Yargıaslında bana göre 'zoraki alıp kabul' etmedir çünkü bir anlamda kendinizi başkalarının yargılarını kabul etmeye zorlarsınız, özellikle de istismara uğramış ve istememiş olduğunuz bir şeyi alıp kabul etmeye zorlanmışsanız. Bunun sonucu insanların size yaklaşmasını engellemek için kirpi gibi keskin, oka benzeyen dikenler oluşturursunuz.

YARGILAR KENDIMIZI BU GERÇEKLIKTEN KORUMAK IÇIN oluşturduğumuz dirençlerdir. Birçoğunu çocukken öğreniriz, görmüş veya duymuşuzdur ya da bize karşı yapılana tepki olarak karar vermişizdir. Bu kararlar zamanla alışkanlık haline gelir ve biz her şeyi o bakış açısından görüp hayatımızın geri kalanında otomatik pilotta yaşarız.

İşin kötü tarafı bu yargıları günlük yaşamda sürekli kullanmaya devam ettiğimizde olabileceğimiz, yapabileceğimiz ve sahip olabileceğimiz diğer olasılıkları yok ederiz.

Mesleğimin ve şifacılık hayatımın büyük bir kısmını özgür ve neşe dolu bir hayat yaşamak için bu yargıları temizlemek ve dönüştürmek için harcadım.

Aslında buna bir isim de koydum.

Ben buna ROAR'ınızı yaşamak diyorum − Radikal, Orgazmik, Canlı Gerçeklik.

Bundan daha iyi nasıl olur?

SİZ OLASILIKLARIN BÜTÜNÜSÜNÜZ

SIZIN GERÇEK DOĞANIZ SINIRSIZ YARATICILIK, BOLLUK VE genişlemedir.

Küçük bir odada masa başında oturarak pek böyle hissetmeyebilirsiniz bu nedenle bu bilgiyi farkındalığınızla anlayıp geliştirmeniz için benim bildiğim en iyi yol doğada daha sık vakit geçirmektir.

Üstelik hiçbir şey yapmanız dahi gerekmez...

Siz sezgisel olarak anlarsınız.

Doğada olmanın bu kadar güçlü olmasının sebeplerinden biri de yargının barınamadığı tek yerin yeryüzü olmasıdır. Doğa tekrar tekrar dönüp yargılarınızı bırakabileceğiniz ve huzur ve genişleme olanaklarını hissedebileceğiniz yerdir. Aslında yargılarınızı yeryüzüne armağan etmek bir nezakettir.

Yargılarınızın gübresini yeryüzüne armağan ettiğinizde kendiniz ve herkes için kelimenin tam anlamıyla yeni olasılıklar tohumlamış olursunuz.

Peki, neler mümkün?

Bir kere sizi kurban rolünde tutan istismar kafesinden kendinizi çıkardığınızda tüm dünya bütünüyle size açılır. Dışarıda o geniş açık alanda nasıl yaşayacağınız ve gerek kendiniz gerekse başkalarıyla nasıl bağlantı kuracağınız hakkında ne kadar farklı seçeneklerinizin olduğunu fark edersiniz.

Örneğin, ben içine kapanık, berbat ve kendini yok eden kızın ötesinde gerçekte kim olduğumu keşfettiğimde aslında ne kadar nazik, zeki, olağanüstü ve komik birisi olduğumu anladım.

Peki ya sizin görmenizi bekleyen kim ve ne var?

Yeni seçimleri denedikçe kendinize olan güveniniz artmaya başlar. Eski istismar kalıplarının artık sizin üzerinizde hiçbir gücü kalmaz. Sizin kendi gücünüz istismarın üstündedir ve bu güçle kendiniz için yeni bir hayat seçebilirsiniz.

Artık hayatınızı yıkımdan değil seçimlerden yaratırsınız.

Size yapılması olanaksız gibi gelebilir, açıkçası belki de siz olasılıkların ötesinde bir yaşamdan çok kurban rolüne kendinizi daha çok adamış olabilirsiniz. Bunu beni ilk defa görmeye gelen birçok insanda görürüm. Tıpkı benim uzun süre yaptığım gibi ve sanki bunu değiştirmek için yapılabilecek hiçbir şey yokmuş gibi kendinizi koşulların kurbanıymış gibi hissediyor olabilirsiniz.

Fakat bu bir yalan.

Bu kadar basit!

OLUŞTURUCU ENERJİ OLARAK NEZAKET

İSTISMARA UĞRAYAN ÇOCUKLARDA KENDILERININ KÖTÜ VE yanlış olduklarına dair inanç yaygındır. Ben Aile İçi Şiddet profesörümle konuşmam ve onun yardımı sayesinde değersiz olmadığımı anladım.

Profesörüm iyi olup olmadığımı soran hayatımdaki ilk kişiydi ve bu nezaket hareketiyle aslında ne kadar iyi olmadığımın farkındalığı bana sel gibi aktı. Onun yardımıyla geçmişteki istismarın üstesinden gelmek için bir şeyler yapabileceğimi ve bir gün sadece hayatta kalmanın hatta başarmanın ötesine geçebileceğimi görmeye başladım.

Sanki bana istismar kafesimin kilidini açmam için gizli bir anahtar vermişti.

Düşüncesiz davranışlarla sürdürdüğüm yıkıcı istismar kalıplarını görmeye başladım ve kendimi farklı seçimler yapmaya adadım. Bunu kendi başıma yapmadım. Profesyonel yardımla ve güven dolu görüşmelerle neredeyse otuz yıldır yaşadığım kurban rolünü sonunda bırakabildim.

Kurban rolünü bıraktığımda görünmez kafes de parçalanmaya başlamıştı. Yavaş yavaş şimdiye kadar yaşadığım hayattan ve kendim ve başkalarıyla kurduğum ilişkilerden daha farklı seçimlerimin olduğunu fark edince kendimi korumak için oluşturmuş olduğum engellere ve duvarlara artık ihtiyacım kalmadı.

Tek bir davranış ile başlayan bu nezaket gerçekten 'yanlış anlaşılmaların, güvensizliğin ve düşmanlığın buharlaşmasını sağladı'.

Mutlaka ki her nezaket anı bu şekilde gelişmez. Nezaketin birçok yüzü vardır. Bu sadece gülümseme gibi çok basit, birkaç saniyelik bir hareketle abartılı yardım teklifleri arasında değişebilir. Bu durum tesadüfen, durup dururken veya birinin ihtiyacına cevap olarak olabilir.

Başlangıçta belirttiğim gibi nezaket zaten içinizde olduğu için muhtemelen diğer herhangi bir yaklaşımdan çok daha doğal gelecektir.

Her ne kadar yargı içinde hapsolmuşken nezakete erişmek imkânsız gibi görünse de onun için çok uzağa gitmeniz gerekmez. Eğer nezaket gösterme konusunda çok zorlanıyorsanız bunun altında yatan ve görüşünüzü engelleyen yargılara bakmaya başlayın.

Bunu yapmanın bir yolu da aşağıdaki gibi sorular sormaktır:

"Ben bununla yargı mı yoksa nezaket mi gösteriyorum?" Burada konu parayla olan ilişkiniz, ilişkileriniz, bedeniniz veya herhangi başka bir şey olabilir.

"Bu kısıtlayıcı mı genişletici mi hissettiriyor?"

"Bu hafif mi ağır mı geliyor?"

Kendinizi kendinize adamak ve kendiniz için ister kendinizden ister başkalarından nezaketi kabul etmek yeni enerji ve farkındalık alanı açabilir ki bu alan sizin alıp kabul eden ve aynı anda coşkun, canlı, güçlü, çekici ve de en leziz halinizdir.

Nezaket büyük bir canlılığa yol açar ve bunun için sadece benim 4 E'ler (embracing, examining, expanding, embodying) diye adlandırdığım 4 şeye gerek vardır:

*Kucaklamak:*sizin için gerçek olanı kucaklamak

*İncelemek:*gerçekten neye baktığınızı incelemek

*Genişlemek:*yeni olasılıklara, farkındalıklara ve nezakete genişlemek

*Bedenlemek:*değişimi ve sizin gerçeğinizi bedenlemek

Gerçek anlamda nezaketi öğrenmek yeni bir dil öğrenmek gibidir. Nezaket benim aşina olduğum bir dil değildi. Evde duyduğum ve konuştuğum anadilim de değildi. Bu dili öğrenmek ve hatta akıcı olmak için uzun süre çalışmam gerekti.

Aynı dil gibi yaratıcı ve oluşturucu bir enerji olan nezaket tam da genişletici enerjiyle dolu yeni bir hayatı yaratmak için gerekli olandır.

Bunun güzel tarafı, yargıları bırakıp nezaketin ve yumuşaklığın gücüne hâkim olduğunuzda yaşadığınız tüm o umarsızlıklara son verip kendinizi koruma ihtiyacı duymazsınız.

Nihayet dikenlerinizden kurtulup cömert bir hayatı kabul etmeye açık olursunuz böylelikle gerçekten kendiniz ve dünya için olduğunuz hediye olursunuz. Bariyerlerin olmadığı alanda, hem kutsal hem de güvenli olan daha yumuşak ve daha hassas bir alan keşfedersiniz.

İşte burada alıp kabul etme enerjisi bir nehir gibi özgürce ve kolaylıkla akar.

Sadece onu seçmeniz, içine girip geniş ve bereketli yolunda sizi taşımasına izin vermeniz gerekir. Hepsi sizin, sadece seçmeniz için.

Bir sonraki bölümde daha çok alıp kabul etme konusunda konuşacağız, özellikle "baştan çıkarıcı" alıp kabul etme hakkında.

BÖLÜM 5

BAŞTAN ÇIKARICI ALIP
KABUL ETME

Sonra yapmam gerekeni yapmak istediğimi fark ettim: Enerji vermek ve alkış olarak geri almak. Bunu seviyorum. Bu benim dünyam. Bunu seviyorum. Bundan keyif alıyorum. Bunun için yaşıyorum.

— ERYKAH BADU

Umarım, şimdiye dek hayal ettiğinizden çok öte bir hayatı yaşamak için burada olduğunuzu sezinlemeye başlamışsınızdır.

Her ne durumda olursa olsun.

Belki sizin "durumunuz" benimki gibi on yıllar boyunca maruz kaldığınız istismarın üstesinden gelmek ve radikal canlı yaşamaktır. Eğer ben en çılgın hayallerimin de ötesinde bir hayatı yaratabiliyorsam bunu siz de yapabilirsiniz. Gerçekte bunun tüm danışanlarım için geçerli olduğunu biliyorum.

İstismara maruz kalmış olsanız da olmasanız da eğer bu kitabı okuyorsanız, hayatınızda sizi köşeye sıkıştırılmış veya kafese kapatılmış gibi hissettiren bir şey var demektir veya bir şekilde alıp kabul etme olasılığından yoksun hissediyorsunuzdur.

İyi haber; alıp kabul etmenize engel olan kafesin kilidini açacak anahtar sizin içinizdedir.

ALIP KABUL ETMEK NE DEMEK

ALIP KABUL ETME HERHANGI BIR ŞEYE VEYA KIŞIYE KARŞI bariyerleriniz olmadan yaptığınız bir eylemdir; incinebilirliğin, açık olmanın ve her şeyle birlik olmanın alanıdır. Alıp kabul etmede sınırlar ve zorunluluklar yoktur. Bu bir zorlama veya mecburiyet değil sadece *kendi* enerjinizin ve *kendi* bilinciniz içinde *kendi* alanınız olmaktır.

Kendi olduğunuz enerji, alan ve bilinç olmanız için dünya ve evren kadar büyük olduğunuzu hayal etmeniz yeterlidir. Bu büyüklüğün içinde siz hem her şey hem de hiçbir şeysinizdir. Siz her şeyin bir parçasısınızdır çünkü gerçekten de bir moleküler birlik vardır ve içinde her şeyle, her şey için, her şey hakkında farkındalık barındırır.

'Alıp kabul etme' dediğim bu enerji size mutlak güç, mutlak seçim, mutlak farkındalık ve incinebilirlikten aldığı mutlak dayanıklılık verir. Var olan en büyük haliniz olma gönüllülüğü incinebilirlik içinde barınır.

Hepimiz bu enerji alanı olarak yaşasaydık dünya neye benzerdi?

Ne yazık ki bu gezegende alıp kabul etme enerjisine savaşlarla, çatışmalarla, istismarla ve terörle çamur bulaştırıldı ve bu saydıklarımın hiçbiri alıp kabul etme enerjisi *değil*. Alıp kabul etme yaratır, istismar yıkar. Alıp kabul etme oluşturur, savaşlar yok eder. Alıp kabul etme birleştirir, çatışma ayrıştırır. Alıp kabul etme sürdürülebilirliği inşa eder, terör seçimi yok eder. Seçmek alıp kabul etmektir.

Alıp kabul etmek, bu realiteye ait form ve yapının ötesinde seçim yapmak demektir.

Alıp kabul etme, sadece toplam kabul etme enerjisinin kendisi olmamız, artık geçerliliğini yitirmiş var olma şekillerini terk edebilmemiz için en güçlü silahtır.

ALIP KABUL ETME ENERJİSİ NEDİR?

ALIP KABUL ETME ENERJISI ARZU ETTİĞİNİZ HAYATI yaşayabilmeniz için gereklidir. Herhangi bir şekilde istismara uğradıysanız muhtemelen bu enerjiyi bloke ediyorsunuzdur.

Alıp kabul etme enerjisini bloke ettiğinizi nasıl anlarsınız?

Birliğe özlem duyuyorsunuzdur ancak tatmin edici olmayan ilişkiler içinde sıkışıp kalmış gibi hissedersiniz.

Mesleğinizde başarılı olmayı arzu ediyorsunuzdur ve belirli bir seviyeye gelmenize rağmen hala neden daha fazla kazanmadığınızı anlamıyorsunuzdur.

Hayat dolu ve sağlıklı olmayı düşlüyorsunuzdur ancak kronik rahatsızlıklarla boğuşuyorsunuzdur.

Kendi şifalanma sürecimde, istismar ile alıp kabul etmeyi bloke etme eğiliminin doğrudan bağlantılı olduğunu keşfettim. Bununla birlikte hayatınızda alıp kabul etme enerjisi tıkanıklığını çözmek için farklı yollar vardır.

Aşağıda size yardımcı olabilecek 5 adımı listeledim:

5 ADIMDA ALIP KABUL ETME ENERJİSİNDE TIKANIKLIĞI ÇÖZMEK

1. *Adım: Görünmez Dikenleri Fark Edin*

İNSANLAR SIZE YAKINLAŞMAYA ÇALIŞTIĞINDA NE KADAR sıklıkla gerilirsiniz?

Hem kendi hayatımdan hem de yirmi yıldır çalıştığım danışanlarımın hayatlarından çok iyi bildiğim bu olguya 'görünmez dikenler' derim.

Bu dikenlerin nereden geldiğini biliyor musunuz? Geçmişinizdeki istismardan. Bir zamanlar dünya sizin için güvenli değildi ve kendinizi korumak için bu dikenleri yarattınız. O dönemde dikenler işe yaradı ama artık hükümleri kalmadı.

Bu dikenler sayesinde hayatınıza neleri davet etmiyorsunuz?

Nasıl bir zamanlar dikenlerin istismarcınızı sizden uzak tutmasını umduysanız şimdi bu dikenler sevgiyi, parayı, müşterileri ve diğer her şeyi 'güvenli' bir mesafede tutuyor. Hep bir felaketin olacağı beklentisi içinde olduğunuzdan güvenli mesafe, sizi alıp kabul etmekten alıkoyar.

Artık sabit diskinizi güncelleme zamanı gelmedi mi?

Alıp kabul etme enerjisi tıkanıklığını çözmek için ilk adım her an olabilecek bir saldırıya karşı sizi 7/24 savunma pozisyonunda tutan, kendinizi korumak adına görünmez dikenlerle zırhlanmış bir kirpi olduğunuzu fark etmektir.

1. Adım: Alıp kabul Etmenizi Engelleyen Hikâyeleri Ayıklayın

İSTISMARA UĞRADIĞINIZDA ISTEMEDIĞINIZ BIR ŞEYI almanız için size zor kullanıldı. O anda herhangi bir formda alıp kabul etmenin güvenli olmadığına dair bir hikâye yarattınız. Sevgi? Para? Sağlık? Alıp kabul etmenin her formu tehlikeli oldu.

Benim için alıp kabul etmek yargı almak demekti. Annemden dayak yememek için onun söylediklerini yerine getirmek demekti. Bu başka insanların realitesinde olmak ve duygusal olarak beslenmek ve sevgi almak arzusuyla çaresizce yaşamaktı. Kaldı ki para, eşya ve istismar dışında hiçbir şey alamadım.

Alıp kabul etmek sizin için ne anlama gelir?

Alıp kabul etme ile ilgili kendinize hangi hikâyeleri anlattınız da dikenleriniz hala yerinde duruyor? Bu hikâyeleri bırakmaya gönüllü müsünüz?

Kimi veya neyi yanlış tanımlayıp yanlış uyguladınız ki bu alıp kabul etme savunmaya dönüştü?

1. Adım: Dikenlerin Her iki Tarafı da Yaraladığını Fark edin

NASIL GÖRÜNMEZ KIRPININ "DIKENLERI" DIŞA DOĞRUYSA VE hayatınızdaki sevgi, para, sağlık vs. gibi her şeyi sizden uzakta "güvenli" mesafede tutuyorsa bu dikenlerin diğer ucu da içeriye doğru çevrilidir ve bu da sizin kendi hayatınıza doğru öne çıkmanızı engeller.

Hayatınızın bir yerinde, belki de uzun zaman önce, öne çıkmanın "güvenli" olmadığını öğrendiniz. İstismardan kurtulma girişiminizde veya yaşadığınız istismarı başkalarına anlatma girişiminizde belki de kendinizle bağlantınızı kestiniz veya ayrıştınız. Her durumda kendinizi korumak adına kendinizden uzaklaştınız.

Böylece yargılarla ve göz önünde olmanın veya duyulmanın güvenli olmadığına dair hikâyelerle kendi dikenlerinizi kendinize batırmaya devam ettiniz.

Bunun en acı verici yanı nedir biliyor musunuz? Kendi hayatınızı kendinizden uzakta "güvenli" bir mesafede yaşıyorsunuz ve asla kendi güzelliğinizi ve potansiyelinizi tam olarak alıp kabul edemiyorsunuz.

Asla kendinizi alıp kabul edemiyorsunuz.

Açıkçası belki de gerçekten kim olduğunuz hakkında en ufak bir fikriniz yok çünkü siz her zaman diken oldunuz ve asla gerçekten olduğunuz kişinin ortaya çıkmasına izin vermediniz.

Bu bağlamda bu realitede bilinen istismarın gerçek salgını kendimizi kendimizden boşamaktır.

Aynı birinci ve ikinci adımda olduğu gibi dikenlerin size de zarar verdiğini görmeniz ve hayatınızda öne çıkmanın ne anlama geldiği ile ilgili uydurduğunuz hikâyeleri bırakmanız gerekir. Bunu yapmanın yolu ise bağışlayıcılık ve kabulden geçer. Bu adımdaki anahtarlar herhangi biri için değil tamamen sizin içindir.

Kendiniz için alıp kabul edebileceğiniz en büyük nezaket kendinizi affetmek ve kabul etmektir.

. . .

1. *Adım: Almak Zorunda Kaldıklarınızı Serbest Bırakın*

İKINCI ADIMDA BAHSETTIĞIM GIBI, ISTISMARA MARUZ kaldığınızda alıp kabul etmek istemediğiniz bir şeyi almaya zorlandınız. Buna "zoraki alıp kabul etme" denir.

Geçmiş tecrübeniz sizin başkalarına verme şeklinizi bugün nasıl etkilemekte? Zoraki alıp kabulden kurtuldunuz mu yoksa aslında aynı döngü devam mı ediyor? Zoraki alıp kabul etme sizi devamlı olarak reddedilen durumunda tutar. Hayatınızın her alanıyla gerçek birliğe varmanızı engelleyen işte budur.

"Zoraki alıp kabul etme" döngüsü içinde kısılıp kaldığınızı nasıl anlarsınız? Herkes için neyin en iyisi olduğunu bildiğinizi zannedersiniz: "Al bunu ye." "Bunu yap." "Bunu al." Başkalarına ne istiyorlarsa onu vermek yerine sizin "almaları gerektiğini" sandığınız şeyi verirsiniz.

Sonuçta hiçbir şeyin farkında olmadan herkesten üstünmüşsünüz gibi yaşarsınız. Sizin başkaları için bir şeyler yapabiliyor olmanız, onların bunu istediği anlamına gelmez. Birilerini onlar için en iyisi olduğunu sandığınız şeyi almaya zorlamak demek onlardan daha çok bildiğiniz, daha zeki ve daha çok farkında olduğunuz izlenimini uyandırır ki bu da onları tamamen değersizleştirir. Bu durum tamamıyla onların varlıklarına saygısızlıktır.

Dolayısıyla başkalarına kendi isteklerinizi dayatmayı bırakın ve oldukları gibi olmalarına izin verin ve hiçbir bakış açısı olmadan onları oldukları gibi alıp kabul edin. Alıp kabul etme ve izin vermeye dayalı ilişkiler yaratmak için başkalarına merak duymak gerekir.

Peki, "zoraki alıp kabul etme"nin ötesinde farklı bir olasılığa nasıl geçersiniz?

ı. *Adım: Baştan Çıkarıcı Alıp Kabul Etmeyi Kucaklayın*

HEPSİ FARKINDALIKLA BAŞLAR. BİR KERE "ZORAKI ALIP kabul etmeyi" nasıl kullandığınızı gördüğünüzde başka bir şeyi seçme olasılığınız doğar.

Neden *baştan çıkarıcı alıp kabul etmeyi* denemiyorsunuz?

Haklısınız, baştan çıkarma kulağa biraz tehlikeli gibi gelebilir, özellikle yaptığınız veya olduğunuz bir şeyden ötürü "baştan çıkmış" birilerinin sizi zorlamaları sonucu bir istismara uğradıysanız.

Ancak ufak bir hatırlatma, ikinci adımda olduğu gibi, sizi alıp kabul etmeden alıkoyan hikâyelerinizi ayıklayabilirsiniz.

Ya baştan çıkarıcı olmanın "güvenli" bir yolu var ise?

Ya baştan çıkarıcı alıp kabul etme hayatınıza istediğiniz her şeyi davet edebilmeniz için esas olan şey ise? Failimiz hakkı olmadığı bir şeyi bizden alma girişiminde bulundu. Baştan çıkarıcı veya orgazmik bir yaşamı kendinizden uzak tutmak failinizin hayatınız üzerindeki etkisini devam ettirir. Baştan çıkarma sanatında ustalaşmanız, içinizde her zaman istismardan önce de var olmuş olan bedenlenme alanını tekrar oluşturur.

Bu size ait, onu talep edin.

Baştan çıkarıcı alıp kabul etmeyle arzuladığınız şeylere davetiye olursunuz. Daha sağlıklı, daha iyi ilişkiler, daha fazla para ve daha büyük iş için olasılıklar enerjisi olursunuz.

Nezaketinizin ve şefkatinizin yaşadığınız tüm ilgisizliği ve buna karşı dikenlerinizle kendinizi korumaya devam etmenizi çözüp yok edecek kadar güçlü olması için ne gerekir?

Baştan çıkarıcı alıp kabul etme öyle bir alan ki kendiniz için ve dünya için gerçekten olduğunuz hediye olursunuz.

Burası yumuşak bir incinebilirliğin olduğu ve dikenlerinizi bıraktığınız; bariyerlerin olmadığı bir alandır. Bu alanda alıp kabul etme enerjisi özgürce ve kolaylıkla akar. Alıp kabul etmenin alan, enerji ve bilinci leziz, cazip, canlı, güçlü, ve coşkuludur.

LEZIZ ÇÜNKÜ SIZ KENDINIZ OLURSUNUZ.

Canlı çünkü siz içinizde kendi enerjinizi barındırırsınız.

Güçlü çünkü sizin en güçlü yanınız nezaketinizdir.

Coşkulu ve cazip çünkü kendiniz bütün olarak bu gerçeklikte ve bu gerçeklikle birlikte hediye olmaya ve almaya izin verirsiniz, böylece etrafınızda her şey ve herkes moleküler bazda değişir.

Baştan çıkarıcı alıp kabul etme bu gezegende canlılığın en muhteşem şeklidir. Bu doğal olarak içimizde var ve gelecek bölümde de göreceğiniz gibi onu ne kadar çok kucaklarsak genişleme enerjisi ile bağımız da o kadar artar.

BÖLÜM 6
GENİŞLEMENİN ENERJİSİ

Derin yaşanan kişisel yaşam her zaman kendi ötesinde hakikatlere dönüşür

— ANAİS NİN

Yedi yaşındayken yatak odamın penceresinden aya baktığımı ve kalbimde çok güçlü bir temenni olduğunu hatırlıyorum. Daha o yaşımda her türlü fiziksel, cinsel, duygusal ve zihinsel istismara uğramıştım ve bu durum yirmili yaşlarıma kadar devam etti. O küçük yaşta başka bir şeyin mümkün olduğunu bildiğim için istismarın görünmez kafesi dediğim şeyden çıkmaya hayatımı adadım.

Yaşadığım hayatın ötesinde bir hayat yaşamak için bir gün bir yol bulmaya yemin ettim. Bütün çocukların geceleri kafalarını yastığa koyup huzur içinde uyuyabilecekleri bir dünya yaratmak için ne gerekiyorsa yapmaya dair yemin ettim.

Aldığım birçok destek ve cesaretle genişleme enerjisi yöntemini uygulayabilmem uzun yıllarımı aldı. Çocukluğumda yaşadığım cinsel istismarın ötesinde yaşamak için bir yol bulmayı başardım ve birçok insana kendi yaşadıkları istismarın ötesinde sınırsız bir yaşam yaratabilmeleri için yardımcı oldum.

Ben dünyanın her yerinde eğitimler düzenliyorum, insanlara ilerleyebilmeleri için yardımcı oluyorum. *Voice America* Radyosunda bir programım var ve her hafta "İstismarın Ötesinde, Terapinin Ötesinde, Her şeyin Ötesinde" programım ile binlerce dinleyiciye ulaşıyorum.

7 yaşındayken kendime verdiğim sözü tuttuğum söylenebilir.

Hiçbir zaman vazgeçmemeyi, hiçbir zaman pes etmemeyi seçtim ve her zaman başka hangi sonsuz olasılıklar varsa peşinden gittim.

Şimdilerde bu gezegenden istismarı silip yok etmeye kendimi adadım ki böylelikle daha fazla çocuk ve daha fazla yetişkin kendi hayatları üzerinde doğuştan hakları olan güçlenmiş bir şekilde ve genişleyici bir varoluşta yaşasınlar.

HER ŞEY İSTİSMARLA İLGİLİ DEĞİLDİR

AÇIKÇASI OLABILECEĞINIZ MUHTEŞEM VE COŞKUN ENERJI olmaktan sizi alıkoyan görünmez kafesinizin içinde kendinizi kilitli olarak bulmanız için ille de çocukluğunuzda istismara uğramış olmanız gerekmiyor.

Görünmez kafes için belirli bir tarz yoktur ve herhangi birini tuzağa düşürmekten ayrı bir mutluluk duyar.

Onunla mücadele etmeye başladıysanız muhtemelen kafesten kaçmaya ve mümkün olduğunu bildiğiniz bir dünyayı yaratmaya hazırsınızdır. Belki de, siz de benim gibi bunu kendiniz için yapmaya yemin etmişinizdir ancak nasıl yapılacağından emin değilsinizdir.

Sizi "görünmez kafesin" kendi muhteşemliğinizden nasıl alıkoyduğunu keşfetmeye davet ediyorum ki siz de kafesin sınırlarının ötesine, coşkunun, genişleme enerjisinin bedenlenmesine geçin.

GENİŞLEME ENERJİSİNİ TANIMAK

BU YOLCULUĞA DEVAM EDIYORSANIZ NEYI YARATMAYI çabaladığınızı bilmenizin faydası olur. Genişlemenin enerjisi;

MUHTEŞEMLIĞINIZI VE GERÇEKTE OLDUĞUNUZ SIHIRLI varlığı bilmektir

Neşe dolu, özgür, keyifli ve radikal canlı bir hayatı yaşamaktır.

Her zaman sonsuz olasılıkların var olduğunu bilmektir.

Arzu ettiğinizi talep edip alıp kabul etmektir.

Kendiniz ve başkaları ile birliği deneyimlemektir.

Size ait olan eşsizliği dünyaya hediye etmektir.

Sınırların ötesinde gücün tamamen sizde olduğu bir hayatı yaratmayı seçmektir.

KULAĞA HARIKA GELMIYOR MU? BU GENIŞLEME ENERJISINI bedenlediğinizde nasıl bir hayat yaratabileceğinizi hayal edin.

Haydi şimdi bu güçlü enerjiyi kucaklamanızdan ve bu enerjiyi işlemenizden sizi alıkoyan görünmez kafesin en büyük üç sınırlamasına ve bunun ötesine geçip gerçekten olduğunuz genişleme enerjisini nasıl bedenleyebileceğinize bir göz atalım.

KURBAN ROLÜNDEN GÜÇLENMEYE

ÇOCUKKEN KENDIMI TAMAMEN KAPATMIŞTIM. NE yaptıysam hiçbir şey fark etmedi: İstismar edilmeye devam ettim. Ne yaparsam yapayım istismardan asla kurtulamayacağım inancıyla büyüdüm. Onun kurbanı olmuştum.

Ve bu kurban hikâyesini 20'li yaşlarıma kadar taşıdım. Geçmiş istismarın acısından kaçmak için içiyordum, partilerde geziyordum, uyuşturucu kullanıyordum ve başka pervasız davranışlarda bulunuyordum. Kendimi hiç umursamıyordum. İstismara uğramış çocukların çoğunda kendilerinin kötü ve yanlış oldukları inancının ne kadar yaygın olduğunu o zamanlar bilmiyordum.

Kurban hikâyemin ötesine geçme yolculuğum beni görünmez kafesten çıkararak sonunda gerçekten olduğum kişiye ulaştırdı. Kendini kapatan, kendine zarar veren zavallı kızın ötesindeki gerçek beni keşfettim. Nazik, muhteşem, olağanüstü ve komik olduğumu öğrendim.

Hayatı nasıl yaşayabileceğime dair, başkalarıyla ve kendimle olan ilişkim ile ilgili farklı seçeneklerimin olduğunu fark ettim. Yeni seçimleri denedikçe özgüvenim daha da arttı. Eski kalıplarla yüzleştim ve bana ne kadar çok zarar verdiklerini kabul ettim. Sonra da benim için hafif ve doğru olan bir hayatı yaratmayı seçtim. Kendime hem tamamen farklı hem de istismara rağmen her zaman olduğum ben ile daha da bağlantılı farklı bir şey yaratma olasılığını vermeyi seçtim.

Ya siz?

"Kurban hikâyeniz" yaşamınızı yönetiyor mu? Siz de istismar döngüsünü kendinize zarar veren davranış kalıpları ile tekrarlıyor ve bunun sizi ne kadar güçsüzleştirdiğini görüyor musunuz?

Ya hayatınızı yıkım yerine gerçekten seçimden yaratabilmeniz mümkünse?

Herhangi bir şekilde istismara uğradıysanız veya herhangi bir şekilde size "yanlış" yapıldıysa siz bunun ötesinde yaşama olasılığından çok, kendinizi zavallı ben hikâyesine adamış olabilirsiniz. Aynen uzun süre benim yaptığım gibi siz de koşulların kurbanı olmuş ve bunu değiştirmek için sanki yapabileceğiniz hiçbir şey yokmuş gibi hissedebilirsiniz. 'Hayatımı değiştirmek için yapabileceğim hiçbir şey yok', dediğim her an kendime yalan söylediğimin farkındaydım. Yaptığım seçim kendimle duygularım arasındaki fark oldu. Ben duygularım değildim ve seçimlerimden ibaret olduğumu anladım.

Ancak bunun görünmez kafesten genişleme enerjisine giden yolculuğunuzda bir "evre" olmasına izin verin, tabii eğer seçerseniz. Seçeneksiz olduğunuz masalını bırakmaya hazır mısınız? Eğer öyleyse aşağıdaki adımlar size yol gösterebilir.

3 ADIMDA KURBAN ROLÜNÜN ÖTESİNE GEÇİP GÜÇLENME

1. *Bir uzmandan yardım alın*

ÇOĞUNLUKLA SORUNLARINIZI PAYLAŞTIĞINIZ INSANLAR, aile veya arkadaşlar bu sorunların oluşmasına neden olan kişilerdir. Bir uzman ile konuşmak kurban olmaktan çıkış yolculuğunuzu hızlandırır. Başkasıyla yaratmak istediklerinizi paylaşmak ve birlikte işbirliği yapmak seçimlerinizle güçlenip istismarın ötesine geçmeniz için her şeyi açığa çıkarır. Bu Radikal canlı yaşayabilmeniz için işe yarayacak, güvenli bir plandır. Çalıştığım uzman şifacılar şifalanma sürecimde benim müttefikim oldular. Şimdi ben hem başkaları hem de kendim için bunu yapıyorum. Asla süreyi ve kat etmeniz gereken mesafeyi ya da yolu yargılamayın. Sadece zaten en başta size ait olmayan kısıtlamaların ötesine geçmeyi seçmeye devam edin.

1. *Hikâyenizi paylaşın ve tüm sırlarınızı açığa çıkarın*

SIRLAR SIZI KURBAN ROLÜNDE TUTAR; UTANÇ YARATIR VE sizin güçsüzleşmenize, kısıtlamaların ve sınırlamaların içinde kısılıp kalmanıza neden olur. Her bir sırrı saklamak için 25 sebebe ve mazerete ihtiyaç duyarsınız. Bu sırlar ağır bir yük haline gelir ve arzuladığınız gerçeklik konusunda hayal kırıklığına uğratır. İşin tuhafı bu sırlar aslında size bile ait değildir. Bunlar genellikle sizin faillerinize veya olduğunuz gibi olmanızı engellemek için başkalarının sizin hakkınızdaki yargılarına aittir. Yargı, özellikle konu istismar olduğunda bu realitede gerçek bir salgın gibidir.

1. *Kurban Masalını bırakıp onun ötesine geçmeyi seçin*

HIKÂYENIZI BIRAKIP ONUN ÖTESINE GEÇTIĞINIZDE gerçekte olduğunuz sihre adım atmaya başlarsınız. Kafesin ötesinde sizin için var olan genişleme enerjisini keşfedersiniz.

Hikâyenizi bırakma yöntemi aslında yapmak ve olmak istediğinizi yaratmak için seçim yapmaktır. İstismar asla seçiminiz yokmuş gibi hissetmenize neden olur. İstismar sırasında gerçekten seçiminiz yoktur ancak olayı takip eden yılların her gününde her anında seçim hakkınız vardır. Hikâyemin yıllar önce başıma gelenlerden değil şu anda yarattıklarımdan oluşmasına karar verdim.

Eski hikâyenizin ötesine geçtiğinizde özgürlük, neşe ve kendi muhteşemliğiniz olarak deneyimlediğiniz şey genişleme enerjisidir. Kendiniz ve hayatınız için daha fazla olasılık görmeye başlar, kendi potansiyelinizin yeni kaynaklarını beklenmedik yerlerde keşfedersiniz. Bu, istismardan önceki ve istismarın ötesinde daima içinizde var olan gerçek varlığınızı fark etmenizi sağlayacaktır. Yaşadığınız istismar sizi hiçbir zaman tanımlayamaz çünkü siz her zaman onun çok ötesinde çok daha fazlasısınız.

ZIRHLANMAKTAN İNCİNEBİLİRLİĞE

ANNEM BANA KÜFREDIP ISIMLER TAKTIĞINDA HIÇ ağlamadım veya ne kadar üzülmüş olduğumu belli etmedim. Sadece söyleneni yaptım, olayı atlatıp saklanmak için odama gittim. Beni dövdüğünde kendimi çelik gibi güçlendirdim. Ağlamamam gerektiğini yoksa bana daha da sert vuracağını biliyordum. Dayağa katlanıp ağlamadan "görünmez zırhımı" kuşandığımda kısa sürede geçecekti.

Dayanıklı ve sert olursam daha güvende olurum inancı ile büyüdüm. İçimdeki yumuşaklığı korumak için gerçekten çok kalın bir zırh geliştirmiştim. Bu şekilde istismarcılarım ancak zırhıma işleyebildi, bana asla tamamen ulaşamadılar.

Önceki bölümlerde de bahsettiğim gibi bu tür bir davranışı 'görünmez kirpi zırhı olgusu' diye adlandırıyorum. İki radyo programımı tamamen bu konuya adamamın nedeninin anlaşılması çok önemli (www.DrLisaCooney.com sitesinde bu kayıtlara ücretsiz olarak ulaşabilirsiniz.). Aynı kirpinin kendini keskin dikenleriyle savunduğu gibi siz de görünmez dikenleri olan zırh kuşanmış olabilirsiniz. Bu sizin güvenli görünmeyen dünyadan korunmak için en iyi savunma girişiminizdir.

SÜREKLI SAVUNMA HALINDE OLDUĞUNUZDA NE KADAR genişleyici olabilirsiniz?

İstismarcınızı uzaklaştıracağını ummuş olduğunuz dikenleriniz bu defa ilişkilerinizi, parayı, danışanları ve diğer her şeyi "güvenli" bir mesafede tutar. Artık herhangi bir şeyi almak tehlikeli göründüğü için arzu ettiğiniz hayatı alıp kabul etmenize bu dikenler engel olur.

Sizce bu dikenlerle hayatınıza ne kadar çok şey davet edebilirsiniz?

Görünmez kirpinin dikenleri nasıl dışa doğruysa ve ilişki, para, danışan vs. hayatınızdaki her şeyi "güvenli" bir mesafede tutuyorsa bu dikenlerin diğer ucu da içeriye dönüktür ve kendi hayatınızda öne çıkmanızı engeller.

Hayatınızın bir yerinde, belki çok uzun zaman önce, öne çıkmanın "güvenli" olmadığını öğrendiniz. İstismardan kurtulma girişiminizde veya yaşadığınız istismarı başkalarına anlatma girişiminizde belki de kendinizle bağlantınızı kopardınız veya ayrıştınız. Her durumda kendinizi korumak adına kendinizden uzaklaştınız.

Böylece göz önünde olmanın veya duyulmanın güvenli olmadığına dair hikayeler ve yargılar şeklinde kendi dikenlerinizi kendinize batırmaya devam ettiniz. Hala "dışarıda" olabilecek tehlikelere karşı korunmak için kendinizi küçültmeye hatta belki de görünmez kılmaya devam edersiniz.

Bunun en acı yanının ne olduğunu bilmek ister misiniz?

Kendi hayatınızı kendinizden "zırhlı ve güvenli" bir mesafeden yaşıyorsunuz ve asla kendi güzelliğinizi ve potansiyelinizi tam olarak alıp kabul edemiyorsunuz.

İncinebilirliğinizin gücünü asla deneyimleyemiyorsunuz.

İncinebilirlik, zırh ve savunma olmadan kendiniz olmaktır.

Zırhı çıkarmamın güvenli olabileceğine inanmam için terapistlerle, şifacılarla, partnerlerimle ve en sonunda kendim ile ilişki kurmam gerekti. Zamanla hem iç hem de dış dikenlerimi serbest bıraktım.

Ve dikenlerim yok oldukça çok daha büyük kapasitede bana hizmet eden farklı bir seviyedeki incinebilirliği keşfettim.

Bu yumuşak, geniş alanda başkalarıyla ve kendimle daha önce hiç bilmediğim birliği deneyimledim. Talep edebildim ve gerçekten arzu ettiklerimi alıp kabul ettim. Daha önce hiç bu kadar hayat dolu hissetmemiştim, nihayet kendimi ve hayatımı tümüyle alıp kabul ediyordum.

İncinebilirlikte gizli bir güç keşfettim ve bu "çelikle kaplı" olma gücünden oldukça farklı görünen ve farklı hissedilen bir güçtü. Aslında bu güç arzu edebileceğiniz gelmiş geçmiş en iyi "korumadır".

Bir uyarı...

Zırhınız yok olduğunda kendinizi "çıplak" veya gereğinden fazla ifşa edilmiş gibi hissedebilirsiniz, tamamen normaldir. Hiçbir şey yanlış değil. Bu yumuşak iç alanınızın ortaya çıkarak zırhın ötesinde kendiniz ile birlik içinde bir yaşam deneyimlemesidir.

Son olarak görünmez kafesin bir yönü daha var. Ötesine geçmeyi öğrenmediğiniz takdirde genişleme enerjisini engeller.

YARGIDAN NEZAKETE

YARGI GENİŞLEMENİN TERSİDİR. SIKIŞMANIN, sınırlamaların ve kendini istismarın yaygın bir şeklidir.

Başkalarını yargıladığınızda aslında kendinizde görmeyi reddettiklerinizi savunur, o yönlerinizden kopup ayrışır ve o yönlerinizi inkâr edersiniz. Yargı kendinize yalan söylemeye devam etmenize ve görünmez istismar kafesinde kilitli kalmanıza neden olur. Bu da sizi kendinizden ve başkalarından, yaşamdan ve kesinlikle arzu ettiğiniz hayatı yaratmaktan uzak tutar.

Kendinizi yargıladığınızda ise kendi gardiyanınız olup kendinizi kendi yanlışlığınıza hapsedersiniz. Yargı ne kadar 'kötü' olduğunuzu bilmenin rahatlığına sizi döndürür ve asla şu anda olduğunuzdan daha fazlası olmak zorunda olmamanızı garanti eder. Görünmez istismar kafesini daha da katılaştırır.

YARGI, SIZI KÜÇÜK VE SÜREKLI MÜCADELE HALINDE, kurban rolünde, güçsüz, zırhlı ve donuk tutar. Sonuç olarak siz kafesin ötesinde oluşumu ve yaratımı durdurur onun yerine kendi kendinizi istismar etmeye, bu kısır döngü içinde kalmaya devam edersiniz.

Bu kendinize gösterdiğiniz nasıl bir nezaket? Ya diğerlerine?

Kafesin ötesine geçip genişleme enerjisinde olmanın tek yolu yargının ötesine geçmektir. Yargının ötesine geçmek için size yardımcı olacak altı adım vardır.

6 ADIMDA YARGISIZ ALANA ULAŞMAK

1. Sakin bir yerde oturun, gözlerinizi kapayın ve birkaç derin nefes alın.
2. Enerjinizi dünyaya gönderin
3. Yeryüzüne yargılarınızı katkı olarak sunun
4. Dünyanın size verebileceği katkıya kendinizi açın
5. Artık yargılarınızı içinde barındırmayan enerjinizi kendinize geri çekin
6. Neyin farkında olduğunuzu fark edin

YERYÜZÜ YARGININ BARINAMADIĞI TEK YERDIR. Yargılarınızı bırakmak için buraya tekrar tekrar dönüp huzur ve genişleme olanağını hissedersiniz. Aslında yargılarınızı yeryüzüne armağan etmek bir nezakettir. Yargı gübresini yeryüzüne armağan ederek kendiniz ve herkes için yeni olasılıklar oluşmasına tohum atmış olursunuz.

Yargısız alan nezakettir. Her zaman kim ve ne olduğunuz ile ilgili tek gerçek nezakettir.

Nezaket oluşturucu enerjidir. Dünyayı dolaşıp binlerce kişiyle çalıştıktan sonra yargının, istismarın ve sınırlamaların ötesine geçebilmek için gerekli olan şeyin nezaket olduğunu fark ettim. Genişleme enerjisiyle dolu yeni bir hayatı yaratmak bu oluşturucu enerjiyle olur.

Bir dakikanızı ayırıp alıştırma olarak şunları hayal edin....

NEZAKETI SEÇSEYDINIZ BU GEZEGENDE 50 YIL IÇINDE NELER olurdu?

Kurban hikâyenizi bırakıp güçlenme yolunu izleseydiniz neler olurdu?

Zırhınızı bırakıp incinebilirliğin gücünü seçseydiniz neler olurdu?

Hastalık yok olur muydu?

Çatışma yok olur muydu?

Mutlu olur muydunuz?

Genişleme enerjisi, yeni olasılıklarla dolu nasıl bir dünyaya sizi açardı?

Sizi küçük ve güçsüz tutan kafesin ötesinde, istismarın ötesinde bir hayat var...

Muazzam genişleme enerjisini çekmeniz için genç olmanız gerekmez, Aya bakıp istismarın ötesinde bir hayat hayal ettiğimde yedi yaşındaydım. Nerede olursanız olun, herkes için işe yarar.

Bunun için gereken tek şey gelecek bölümde anlatıldığı gibi genişleme enerjisiyle oynamayı seçmek.

BÖLÜM 7
IŞIKLA OYNAMAK

— PABLO NERUDA

Hayat birçoğumuzun sandığından daha kolay ve çok daha eğlencelidir.

Aslında o kadar basit ki, 25 yıldır enerji ve alternatif terapilerimin çoğunda konu tek bir noktaya bağlanır: İnsanlar için yolunda gitmeyen şeyleri bul, daha iyi seçimler ile güçlendir, arzularını gerçekleştirmeleri için katkı ol ve arzu ettikleri hayatı yaratmaları için birçok olasılık oluştur.

Bunları yaptığımda sonuçlar inanılmaz oluyor.

Konu sadece daha mutlu olmaları değil, kaldı ki mutlu da oluyorlar. Sorun ne ise; kullanmaları gereken ilaçlar, hastalıkları, parasızlık veya başka bir şey, hepsi yok oluyor. Puf! Sihir gibi...tüm bu sonuçları elde etmek için gereken tek şey kendiniz için seçim yapmaya gönüllü olmak ve hayatınıza enerji ve oyun talep edip oluşturmaktır. Peki, insanlar neden bunu yapmazlar?

Bu çok güzel bir soru....

Çalışmalarımda geçmişinde istismara maruz kalmış insanların oynamakta, eğlenmekte ve rahatlamakta zorlandıklarını fark ettim. Yapamadıklarından değil, hepimiz yapabiliriz. Ancak, onlar oyunu zihinlerinde bambaşka ve "kötü" bir şeyle bağdaştırmıştır.

Örneğin, bazen oyun cinsel eyleme dönüşebilir ki bu bir şeylerin yanlış ama aynı anda iyi olduğunu hissettirir. Neyin yanlış neyin doğru olduğunu veya neyin olup bittiğini bilmediğinizden bu kafa karıştırıcıdır. Bu senaryoda oyun, "Bunu yapmamalıyım" diyen bir yanlışlık duygusu ve cinsel utançla bağdaştırılır. Artık bunu çağrıştıran eğlence, gevşeme, canlılık gibi her şeyde kontrolün elinizden alındığı hissi oluşur, tıpkı istismara uğradığınız andaki gibi.

Gerçekte oyun, mutluluk ve eğlence için bir eylemdir; hayal gücü, eylem, olasılık, üretim ve yaratım ile yeni bir şeyin var olmasına davetiye çıkarmaktır.

İstismar ile oyun değişir. Ciddi ve gerçekçi olur, her şey "ne olacak" üzerinedir ki bu sıkışıp daralmaya neden olur ve böylelikle özgürce koşuşan bir çocuğun sahip olduğu salt neşenin farkındalığını ve özgürlüğünü yok eder.

Çocukken kaygılarınız, yine kötü bir şey mi olacak diye endişeleriniz yoktur. Bilinmezden, beklentiden ve sürprizlerden daha eğlenceli pek fazla bir şey yoktur. Hangi çocuk ellerini çırparak, sevinçle, ümitle ve heyecanla "Bana bir sürpriz getirdin mi?" diye sormadı ki? Ancak geçmişinde istismara uğramış bir kişinin istediği son şey sürprizdir. Aşırı tetikte olmak genel kural haline gelmiştir. Sürekli arkanızı kollamak veya köşeden dönüp bakmak hayatta kalma oyunu olmuştur.

. . .

OYUNUN SOYGUNCU BARONU

NETICEDE BIR DAHA ISTISMARA UĞRAMAMAK ADINA bedeninizi belirli bir şekilde tutmaya, kendinizi belirli bir şekilde sıkıştırıp daraltmaya ve belirli bir şekilde davranmaya hapsolursunuz. Sonuçta karar, yargı ve kısıtlama enerjisine girersiniz. Kötü bir kireçlenme vakası gibi katılaşır ve her türlü yaratıcılıktan, üretimden ve akışkanlıktan uzaklaşırsınız. Sıkışıp kaldığınız yer görünmez istismar kafesidir ki bir sonraki kitabım *İstismarın Kıçına Tekmeyi Vurun*'da bunu detaylı bir şekilde anlatıyorum.

Kendinizin oluşturduğu bu kafeste hiçbir şekilde eğlenemezsiniz çünkü daima bir sonraki felaketin olmasını beklersiniz. Hayatınıza yön vermek azgın sularda rafting yapmak gibi olur. Bu durumda merak edip durursunuz "Niçin hep bunlar benim başıma gelir? Neden her şey bir mücadele? Ne kadar çabalarsam çabalıyım hiçbir şey işe yaramıyor. Neden her şey bu kadar zor olmak zorunda?"

Bunun cevabı aslında üçüncü bölümde anlattığım görünmez kafesi oluşturan dört ana madde veya dört D'de yatıyor: Denying − İnkâr, Defending − Savunma, Disconnecting − Bağları koparma ve Dissociating − Ayrışma.

Hayata karşı bu bakış açısıyla tek başına yürüyüş yapmak gibi en basit yaratıcı aktiviteler dahi sınırınızı zorlayabilir çünkü sizin için tehlikeli bir yer haline gelen dünyada fazlasıyla yoğun bir şekilde kendinizi algılarsınız. Her an güvenliğiniz ve rahatlığınız engellenebileceği için sürekli tetikte olmak varlığınızın diğer yönlerine yayılır. Bedeninizde, ilişkilerinizde, parada, cinsellikte, her yerde yeni olasılıklara açılmak yerine, sıkışıp kalmanıza ve daralmanıza neden olur.

Sağlık açısından bakıldığında katılık ve bedeninizde sıkışıp kalmak ciddi sonuçlar doğurabilir. Akışkan bir form yoksa, blokaj gerçekten kan akışını daraltarak bedeninizin kolaylıkla işlevini yerine getirebilmesi için organlarınızın gereksinim duyduğu oksijenden ve diğer hayati elementlerden mahrum bırakır.

Zamanla bu daha da kötüleşerek kolaylıkla kronik bir hale dönüşebilir veya böbrek üstü beziyle ilgili hastalıklara veya endokrin rahatsızlıklarına neden olabilir. Şüphesiz ki benim için böyle oldu.

İlişkilerinizde ise kendinizde ve bedeninizde mevcut olan kilitlenmeyi daha çok ortaya çıkaran kişilerden seçmeye eğimlisinizdir. Çünkü siz ilişkinin böyle olması gerektiğini zanneder veya düşünürsünüz. Bilinçli veya bilinçsizce, enerjisel olarak, sizin için ve sizinle beraber yeni olasılıklar yaratmak yerine sizi sınırlayan insanları seçersiniz. Güvende olma ihtiyacınızdan ötürü geliriniz ve para kazanma potansiyeliniz risk altındadır. Örnek olarak gerçekten sevmediğiniz ancak maaşı garanti olan bir işi her gün nefret ederek gitseniz dahi kabul edebilirsiniz. Neşe bu seçimin neresinde?

Bu sanki yeni olasılıklara doğru ileri gitmek yerine, enerjiye karşı, geri geri giderek yaşamaya benzer. Hayat, "Ne kadar muhteşem! Başka neler yaratabilirim" yerine "Ne kadar güvendeyim"e döner.

Oyun ve yaratıcılığın yakıtı hayal gücü, açık ve sorgulayan bir zihin, rahat bir alan ve oluşturucu ve genişletici bir şeyin olacağı olasılığıdır. Zihniniz istismar kafesinde hapsolduğunda ise bunların tam zıddı olur:

. . .

PLANLAMAYA DUYULAN AŞIRI IHTIYAÇ

Kontrol

Her şeye karşı hazırlıklı olma

Her şeyi bilme ihtiyacı

Kendini çekme ve izole etme

Sonuç odaklı

Uygun olma

Bilinmeyene güvenmeme

Güvensizlik

Aşırı Uyanıklık

YARATICI GÜCÜNÜZ SALT OLASILIĞIN ÖZGÜRCE AKAN bilgisinin moleküler enerjisine girerek sürekli akışta olur ki orada her şey mümkündür ve yaratım kaynağı ile birlik halindedir.

Oyunda birçok bilinmeyen vardır. Bundan daha iyi nasıl olur? Arzuladığınız ne varsa her şeyi yaratabilecek hale gelirsiniz. Evet, herhangi bir şekilde istismara uğradıysanız "bilinmeyen" korkuyu tetikleyebilir ve yaratımı yok edebilir.

RADİKAL VE ORGAZMİK CANLI

HIÇ DIKKAT ETTINIZ MI, ÇOCUKLAR HERHANGI BIR ŞEYLE NE kadar süre ilgilenirler? Onlar hep bir şeyden başka bir şeye geçerler, hem bedenen hem zihnen, tamamen anda kalarak.

Onlar için o an eğlenceli ve heyecan verici olan şey neyse ona göre seçerler.

Çalışmalarımda tamamen radikal ve orgazmik canlılık olarak bahsettiğim bu durumda yaptığınız her şeyde tüm varlığınızla tamamen anda olursunuz. Gelecek hakkında, faturalarınızı ödemek veya nasıl göründüğünüz hakkında endişelenmezsiniz ve sadece anda olmak harika bir neşe ve eğlence kaynağıdır.

Ancak istismarın olduğu durumlarda ise orada olmayı hiç istemezsiniz.

Orgazm sadece seks ile ilgili değil duygusal, bedenlenmiş haz ile ilgilidir. Ya bir gül koklamak isteseydiniz veya evinize güzel bir renk katması için kendinize güller alsaydınız? Ya müslinize çilek katıp tadı orgazmik ve leziz olsaydı? Bunlar eğlenceli ve orgazmik şeyler. Çocuklar peşin hükümlü değillerdir; onlar biz yetişkinlerin öğrendiği, bizi sınırlayan ve hazzı bütünüyle yaşamamızı engelleyen kavramları henüz geliştirmemişlerdir.

Peki, siz bedeninizde olmak istemezseniz örneğin, cinsel ve duygusal bir ilişkide sizce bu sizi nasıl etkiler? Her şeyden önce istemediğiniz bir şeyi hissetmemek adına sürekli bedeninizi terk etmeye bu kadar alışmışken arzulanan ve orgazmik bir cinsel ilişkiye sahip olmanız zor olur.

Peki, kendinizi bütünüyle bedeninize ve oyuna geri getirmek için ne yapabilirsiniz?

İKİ ADIMDA OYUNA GİRMEK

BÜYÜRKEN SIZE HIÇ KENDINIZE "ŞU ANDA EĞLENIYOR muyum?" diye sor, diyen oldu mu? Birçok yetişkin için sırf eğlence olsun diye seçmek tamamen yabancı bir kavram ve hatta seçenek bile değildir. Eğer hemen hemen hiç bedeninizde olmuyorsanız muhtemelen hiçbir zaman kendiniz için bir şey isteme ve talep etme şansını da kendinize vermemişsinizdir. Böyle bir durumda, hangi soruyu soracağınızı dahi bilebilir misiniz?

Oyuna girmek için ilk adım sadece sizin için bir şeyin işe yaramadığını fark etmeniz ve "Gerçekten burada ne olduğunu bilmiyorum ama burada doğru olmayan bir şey var ve ne talep edeceğimi bilmesem de bunu değiştirmeyi seçiyorum" deme iznini kendinize vermenizdir. Sadece bu farkındalık bile sizin mevcut olmanızı sağlar.

Bir sonraki adım ise oyunun enerjisini uyandıran sorular sormaktır:

BEDENİM, BU BENİM İÇİN EĞLENCELİ Mİ?

Şu anda eğleniyor muyum?

Bir şeyler öğreniyor muyum?

Bu benim gerçekliğimi genişletiyor mu?

Şükran duyuyor muyum?

Şu anda olduğum şeyden keyif alıyor muyum?

Bu kişi beni alıp kabul ediyor mu?

Ben alıp kabul edebiliyor muyum?

Bedenim iyi hissediyor mu?

Burada başka neler mümkün?

İstediğim her şeyi yapabilir miyim?

Neşe ve eğlence dolu bir gerçeklik yaşıyor muyum?

Daha eğlenceli olacak başka neleri seçebilirim?

OYUN ENERJISI DEMEK ÇOCUKKEN SIZIN IÇIN EĞLENCELI olanı yapmak demek değildir, o zaman sahip olmuş olduğunuz oyun ruhuna, neşe ve oyun alanının olasılığına şimdi sahip olmanızdır. Bu her gün yeni olasılıklar yaratıp kısıtlamadan çıkmak için ne yapabildiğinizle ilgilidir.

Örneğin, bütün gün bilgisayarımın başında e-postalar gönderip insanlara cevap verebilirim ancak bu benim için gerçekten eğlenceli olmaz. Benim için daha eğlenceli olan şeyler; enerji çalışması yapmak, Voice America radyo programı, kitap yazmak, insanlarla konuşmak ve olasılıklar yaratmaktır. Ama kendi hayatımda uzun bir süre boyunca oyun ve eğlence benim için güvensiz oldu, ben daha katıydım ve form ve yapı ile kendimi daha iyi hissediyordum. Herhangi bir şey bunu bozduğunda çıldırıyordum. Şimdi hayatımda böyle bir yapı hemen hemen hiç yok. Ben sadece her yeni günde "ne olduğu" ve ne yapmam gerektiği ile ilgili enerjiyi takip ediyorum.

İşte çocukken biz tam olarak bunu yapıyorduk. Sadece bugün mümkün olan neyse onunla ilgili enerjiyi takip ediyorduk. İstismara uğradığınızda masum özgürlüğünüz ve olasılıkların oyun alanı kilitlenir, sınırlanır ve kısıtlanır. Neyse ki bunu tekrar elde etmenizin bir yolu var.

HAFİFLİK DOĞRUDUR

İNSANLAR IÇIN EĞLENCELI OLAN, ONLAR IÇIN HAFIF olandır; bu bedeninizde hissedebileceğiniz bir şeydir. Hafiflik gerçek gibidir, çünkü yapmayı sevdiğiniz en coşkulu, en eğlenceli şeyler herkesi hafifletir. Hepimiz için neşe kaynağı olursunuz.

Oyunun enerjisi "Bedenim bugün ne yapmak istersin? Bugün kiminle olmak istersin? Kiminle yatmak istersin? Ne yemek istersin? Ne yaratmak istersin? İşinin hangi bölümüne bugün dikkat etmen gerekir?" gibi sorular sorarak sizin için gerçekten duygusal, finansal, ilişkisel, cinsel ve diğer yönlerden neyin eğlenceli olduğunu keşfetmektir.

Bedenim bana "Hadi spor yapmaya gidelim" dediğinde gitmezsem gerçekten çok mutsuz olur. Spora gitmek enerjiyi ve neşeyi hareket ettiren bir çeşit oyun olabilir. Veya bedenim bana "Bunu ye" der ve ben başka bir şey yersem onu es geçmiş olurum. Olay tamamen bedeninizi dinlemek ile ilgili, bedeninizin ve sizin her gün neye ihtiyaç duyduğunu söyleyen fısıltılarını dinleyip yerine getirmek.

Sizin için neyin doğru olduğuna dair vereceğiniz her kararda bu oyunun enerjisini kullanabilirsiniz. Nasıl mı? Sizin için eğlenceli olan nedir? Onu yapın!

SİZİN İÇİN EĞLENCELİ OLAN OYUNDUR

BÜTÜN GÜN DURMADAN ÇALIŞMANIZI SAĞLAYAN VE BIRDEN başınızı kaldırıp "Aaa, ben bütün gün yemek yemedim!" diye düşündürten şeydir. Kendinizi tamamen yaptığınız işe kaptırırsınız çünkü keyif alıyorsunuzdur. Nasıl çocuklara sürekli "Şimdi yemek yemen lazım...... şimdi yatman gerekir" diye hatırlamak gerekiyorsa siz de tıpkı onlar gibi salt enerjiyle yaşarsınız. Onlar özgürce andadırlar ve sizin onları oradan çıkarmanız gerekir.

Genellikle yetişkinlerin neyin hafif veya ağır olduğunu hissetmeyi tekrar öğrenmeleri gerekir ki seçenek sunulduğunda bunu bedenlerinde fark etsinler. Bir istismara uğradığınızda, enerjiniz süzülmüş, alanınız ihlal edilmiş ve farkındalığınız uyuşturulmuştur. Bütün bunlar olmuş iken sizin için hafif ve doğru olanı nasıl bilebilirsiniz ki? Siz sadece acı çekmenin ne olduğunu ve sizin için kötü olanı bilirsiniz. İstismar hayata bakış açınızı tümüyle saptırır ve daha çok tehlikenin olduğu ve pek eğlenceli olmayan bir şekle büründürür.

Sizin için neyin hafif ve doğru olduğunun farkına varmak, sizin için eğlenceli olanı yaratmanıza izin verir. Bu moleküllerinizin istismardan önceki bildiklerine yeniden ayarlamanıza benzer. Eğer hafif, genişletici ve kıpır kıpır hissettiriyorsa devam edin. Eğer ağır ve yoğun ise daha çok soru sorun ve hafiflik hissedinceye kadar bunu seçmeyin. Maalesef çoğumuz hafif olanın yerine ağır ve yoğun olanı seçtiği için psikiyatride uyanıp kendimizi ilaç için bekliyor buluruz.

Sadece hatırlayın.....

Hafif olan doğrudur

Neşe kendiniz için bir talep olmaktır, tıpkı çocukların "Hadi bunu yapalım!" ve "Hadi şunu yapalım!" deyip yaptıkları gibi. Tabii yetişkinler için biraz daha eğitici bir doğası var bunun, ancak burada bahsettiğim oyunun enerjisini bedenlediğinizde, oluşturucu ve yaratıcı hayal gücünüzü devreye sokarsınız. Bu kaç yaşında olursak olalım, hepimizin bedenlerinde yaşayan çocuksu masumiyet gibidir.

Tamamen anda mevcut olmayı ve şu an sizin için uygun olan neyse onu en hafif ve genişletici şekliyle yapmayı seçmek kadar basittir.

10 SANİYELİK DEĞİŞİMLER

ÖZELLİKLE BAŞLANGIÇTA "HAFİF VE AĞIR" ARACINI 10 saniyelik değişimlerle kombine ettiğinizde daha etkili olur. Bu şu demek; on saniyede bir seçim yapıp kendinize fikrinizi değiştirme izni vermeniz ve herhangi bir anda sizin için en doğru olana ayarlanmak.

Bu oyundur.

10 saniyenin güzelliği şudur: 1) daha özgür olmaya başlarsınız ve 2) kendinizle daha samimi olmayı keşfedersiniz. Bir şeyi seçip işe yaramadığını gördüğünüzde bir sonraki 10 saniyede tekrar seçim yaparsınız. Her seçim sizin için neyin işe yaradığı ile ilgili farkındalık oluşturur. Unutmayın, sizin için dün işe yarayan bir sonraki hafta yarayamayabilir veya bir saat önce yarayan şu anda yarayamayabilir.

Daha önce hiç 10 saniyelik değişimlerde yaşamadıysanız tahmin edeceğiniz gibi özgürlük ve kısıtlamalar arasında sürekli gelip gidersiniz. Değişimi gerçekleştirmek için sadece bir derecelik bir kayma bekleriz. Tıpkı bir kas çalışmasında olduğu gibi onun üzerine inşa ederiz.

Burada amaç nasıl dahil edilir diye bazen bana sorulur. Hoş, eğer 10 saniyelik değişimler seçiyorsanız gerçekte amaca pek de kilitlenemezsiniz. Bu daha çok keyifle, haz dolu ve neşeli bir hayatı yaşamanın mutluluğu yarattığını bilmek ile ilgilidir ki bence mutluluk ve farkındalık bu gezegende olması gereken en büyük hedeflerdir.

Mutlu olan kaç kişiyi tanıyorsunuz bir düşünün. Hiç fark ettiniz mi, onlara her şey sanki kolaylık, neşe ve ihtişamla gelir?

Mutlu olduğumda her şey yolunda gider. Oyun enerjisindeysem sadece genişlemeye ve olasılıklara odaklanırım. Bu gezegendeki her anın tadını çıkarıp neşeyi, hazzı, olasılığı, oyunu ve mutluluğu doğuran yepyeni bir gerçekliğin oluşumu ve yaratımı için yeni olasılıkları görürüm −. Bu "Her şey çok zor ve ne kadar çok çabalarsam çabalayayım, benim için asla hiçbir şey değişmiyor" diye düşünen, istismara uğramış kişinin gerçekliğinden tamamen farklıdır.

OYNAMAK ÖĞRETİCİDİR

... sizin için en ilginç neyse onu bulun. Ne kadar çok öğrenirseniz o kadar çok daha fazla öğrenmek istersiniz. Bu eğlencelidir.
- Warren Buffett

OYUN ENERJISI SADECE EĞLENCELI DEĞIL AYNI ZAMANDA öğreticidir. Carol Loomis'in Dans Ederek İşe Gitmek kitabında anlatıldığı gibi Warren Buffet paradan çok yaptığı işten zevk alarak motive oluyor, bu kesinlikle onun için işe yaradı. Birçok danışanım sevdikleri şeyi yapmayı seçip işlerinden istifa ettiler ve daha önce kazandıklarının üç dört katını kazandılar.

Bedeniniz size ne istediğini söylediğinde ve siz bunu yaptığınızda hayatınızda ortaya çıkanlar daha kolay ve neşe dolu olur. Sizin için doğru olanı dinlediğinizde ve bunun için işe koyulduğunuzda sırf sizin için eğlenceli olanı yapıyor olduğunuzdan hayatınızı kolaylaştırmak için evren ile işbirliği içinde olursunuz.

Buna karşılık, eğer bir şeyler yolunda gitmiyorsa işinize yaramayanları kendi gerçekliğinizden yok edersiniz. Bu faturalarınızı ödememeniz anlamına gelmez daha ziyade işleri halletmenin daha eğlenceli ve keyifli bir yolunu bulmanız demektir.

Örneğin ben faturalarım için bankaya otomatik ödeme talimatı verdim zira her ay bunları yapmak için zaman harcamak benim için eğlenceli değil. Ama bunların her gün, her ay halledildiğini bilmek ve ödemelerimden daha fazlasını yaratmış olmak benim için eğlenceli. Herhangi bir şeyin gecikmesinden dolayı endişe duymaktan hiç hoşlanmam; bunlar dikkatimi vermeyi arzu ettiğim konular değil. Ben yeni olasılıklar yaratmaya odaklanmayı tercih ederim ve eğer henüz sahip olduğumun ötesinde bir şey ise bunun için daha fazla para yaratmayı seçme özgürlüğümün olduğunu bilirim.

RADİKAL CANLILIĞA GİDEN KÖPRÜ

ROAR'ınızı Yaşamak hareketinin katalizörü olarak hedef bu gezegenden her türlü istismarı yok etmektir. Bu her şeyi kapsayan iki yöntem ile yapılır: görünmez istismar kafesini saptamak ve insanların radikal canlılığa giden "köprüden" geçmelerini sağlamak.

Hatırlayın, Radikal Canlılık dört unsurdan veya "4 C'lerden" oluşur: (Choosing) Kendiniz için Seçim yapmak, (Committing) kendinizi kendinize adamak, (Collaborating) evrenin sizi kolladığını bilerek onunla işbirliği yapmak ve (Creating) arzuladığınız yaşamı yaratmak.

Radikal Canlılık eğlencelidir.

Oyunun enerjisine girip kendiniz için eğlenceli olanı seçtiğinizde köprüden geçersiniz. Oyun enerjisinde tüm amaç kendinizi ön planda tutmanızdır.

Kendinizi ön planda tutmaya alışık değilseniz kendiniz için seçim yapma fikri sizin için tamamen yeni, radikal bir bakış açısıdır. Emin olun ki istismara uğramış kişiler için bu en çok kafa karıştıran kavramdır. Çünkü onlar kendileri hariç başka herkesi ön plana koyarlar.

Oyun ifade özgürlüğünüzü tekrar kazanmanızı sağlar.

Amaç ve hedefin ötesinde oyunun enerjisinden kendiniz için seçim yapmayı öğrenmeniz sizi her an olasılıklara açar ve tüm hayatınızın kolaylık, neşe ve ihtişamla yeniden birlik içinde olmasını sağlar.

Bir sonraki bölümde sizi özün ve bilmenin enerjisi ile tanıştıracağım; istismara uğramış olsun ya da olmasın tüm çocukların yaradılıştan var olan bilinçsiz bir parçası, ancak yetişkinliğe geçiş yolunda düşürülüp geride bırakılan bir parça.

Sizin de göreceğiniz gibi, doğuştan gelen bu enerjiyle ne kadar çok arkadaş olup onu kullanırsanız oyunun enerjisine girmeniz o kadar kolaylaşır.

BÖLÜM 8
AYDAKİ YÜZ

Sonunda aya âşık oldum çünkü sadakatle her gece doğdu

— UNKNOWN

İstismar ve şiddet dolu bir evde büyüdüğümden çocukken odam benim sığınağımdı. Evdeki tüm çılgınlıktan uzaklaşabileceğim tek yerdi. Yatağımın yanında küçük bir pencere vardı ve her gece ay doğduğunda dizlerimin üzerinde saatlerce ona bakar, bana bakan o güzel yüzün tadını çıkarır ve bana her şeyin iyi olduğunu söyleyen o gülümseme enerjisini hissederdim.

Ay ile yaptığım uzun diyaloglar sonrasında bir gece arkama dönüp tüm odamın gökkuşağının tüm renklerine büründüğünü, perilerin ve meleklerin, benim tanrı ve tanrıça olarak bildiğim varlıkların ve ilahların çılgınca dans ettiklerini gördüm — şefkatin rengi pembe, yaratıcılığın rengi mavi — hepsi bunu deneyimlemem için oradaydı.

Bu sihirli enerjilerin olağanüstü dünyasında zaman geçirmeye başladım. Nelerin farkında olmam gerektiği, sahip olduğum hediyeler ve bu hayatta ne kadar özel ve farklı olduğuma dair bana her türlü bilgi aktarıldı. Başka alemlerden olan bu varlıklar benim dostlarım ve oyun arkadaşlarım oldu ve bazı geceler odama gitmek için sabırsızlanırdım. Her zaman benim için başka bir şeyin mümkün olduğunu biliyordum ve bu âlemden korkmuyordum. Olağan zaman ve mekâna meydan okuyan bir şey olsa da bana bu realiteden daha anlamlı geliyordu.

Benim için başka bir şeyin mümkün olduğunu ve bu enerjide olduğum sürece tüm bu çılgınlığın beni etkileyemeyeceğini fark ettim. Hayattaki görevimin ruhsal ve fiziksel dünya arasında köprü olmak ve yaratım enerjisi olan ATP'ye girmek olduğunu o dönemde anladım. ATP (Adenozin trifosfat) veya özün enerjisi olarak tabir ettiğim enerji bedenimizin her hücresinde bulunur ve bize evren ve üzerinde yaşadığımız dünya dâhil her şeyin enerjisini sağlar.

ÖZÜN VE BİLMENİN ENERJİSİ

HEPİMİZİN ÇAĞIRDIĞI VE BIRLIK OLDUĞU ENERJİ NEDIR? Her şeyin içinden akan, her şeyi yaratan bu öz nedir?

Bugün özü düşündüğümde aklıma periler, melekler veya diğer varlıklar değil 15 yıl zaman geçirdiğim spiritüel bir topluluğun ruhsal şifacısı Amma'nın söylediği gibi içimizin derinliklerindeki çocuksu enerjinin Tanrı olduğu gelir.

Bana göre özün enerjisi, bedenimizin her hücresine yakıt sağlayan ATP (Adenozin trifosfat) molekülü gibi hayatın enerji akımıdır. Bedenlerimizde olan ve hepimizin olduğu şey özün enerjisidir.

Hayatımın bir döneminde çok mutsuzdum, çok içiyordum, depresif ve ağır hissediyordum ve hiçbir şey yolunda gitmiyordu. Aynen etrafımda olan her şey gibi kendimi çok kötü ve yalnız hissediyordum ve hiçbir şey ile bağlantıda değildim.

Yine içki içtiğim bir gece bu işi bitirmeye ve gitmeye karar verdim. Önceden tasarlamamıştım fakat bir otobüsün geldiğini gördüğümde tam önüne atlamak için kaldırım kenarından indim. O an bir şey beni omuzlarımdan tutup geriye çekti. Şok olmuştum. Etrafıma bakındığımda hiçbir şey veya hiç kimse yoktu. O an bir şey tarafından korunduğumu anladım. Bu şiddetle ihtiyaç duyduğum bir uyarı işaretiydi. Bu realitenin çok ötesinde benimle bağlantıda olan bir şeyin var olduğunu hatırlatan bir işaretti ve bunun ne olduğu hakkında daha fazla şey öğrenmem gerekiyordu. Bir çok kez yolculuğumda kollandığımı ve bana rehberlik edildiğini hissettiğim oldu.

Psikiyatr olup işe başladıktan sonra hayati tehlikesi olan bir hastalığa yakalandım ve kendimi şifalandırmak için Theta Healing® kullanmaya başladım. Bu yöntemlerimi tamamen değiştirdi. Bu teknik ile kendi öz bilişiniz üzerinde gerçekten çalışmalısınız. Facebook'un COO'su ve *Sınırlarını Zorla* kitabının yazarı Sheryl Sanberg'in de dediği gibi her gün ofisimde danışanlarımla oturup özün enerjisini ve bilmenin enerjisini dinlemek için "sınırlarımı zorlarım".

Bilinçli olarak bilemeyeceğim, danışanlarımın şaşkınlıktan bakakaldığı bilgiler veririm. Bana "Bunu nasıl bildin? Bunu nasıl bilebilirsin? Bu bilgiyi nasıl elde ettin? Ben bunları sana anlatmadım" derler. Özün enerjisinden aldığım bu bilişimi danışanlarımı şaşkına çevirmemesi için nazikçe aktarırım.

Bunu yaparken de kendi bildiklerini bilmelerini güçlendirmek ve bu bilişi bedenleri vasıtasıyla hissetmeleri için danışanlarıma kas testi ve sonrasında Access Consciouness®'ın 'hafif ve ağır' gibi araçlarını kullanırım. Başka âlemler, realiteler ve enerjilerle bağlantımdan dolayı ofisime gelen insanlar için bir kanal, içinde hiçbir yargı ve bakış açısı olmaksızın sadece sizin bilgilerinizin aktığı bir hat olduğum benim için çok açık.

Hatta Theta Healing® öncesi dahi beni insanlarla benzersiz ve alışılmışın dışında bir bağlantıya geçiren bir yönümün olduğunu hep sezinlemişimdir. Ben de danışanlarım da bunu biliyorduk. Bana "Sen daha önce gördüğüm tüm danışmanlardan farklısın. Sen bunu farklı yapıyorsun. Daha önce hiç böyle hissetmemiştim" gibi şeyler söylerlerdi.

Böyle bir kapasiteye sahip olduğuma inanıyorum. 'Aydaki yüzün' enerjisinin, her şeyin içinden akan enerjinin ve inanç kalıplarımız dahil bu inançların bedenimizde, organlarımızın içinde depolanarak bedenimizi ve realitemizi nasıl şekillendirdiğinin farkındalığında olduğum için bu kapasiteye sahibim. Ayrıca bu realitenin ötesinde olan bir farkındalıkla işbirliği yaparak bu realitelerin değiştirilebileceği, dönüştürülebileceği ve şifalandırılabileceği inancındayım.

Bu şekilde bir farkındalık, dünya ile ve onun doğasındaki moleküller ile işbirliği yapmaktır ki bu moleküller bedenimizin güç santrali olan ATP'yi barındıran moleküllerden farklı değildir.

Erken yaşta özün enerjisini ve bilmenin enerjisini deneyimlemem ve aldığım bilgiler sayesinde görevimin iki dünya arasında, yani özün ve fiziksel dünyanın arasında, köprü olmak olduğunu her zaman hissetmişimdir. Hem oku göğe fırlatan okçu bir insan hem de ayakları toprağa basan at olarak tasvir edilen yay burcu olmam muhtemelen tesadüf değildir. İnsanlar için bu realite ile başka âlemlerde mümkün olan şeyler arasındaki köprüyüm.

Her danışanımla çalışırken, kendim dâhil, bizden kopmuş parçaları ararım. Bu parçalanma kendi bilişimize ve özün enerjisine ulaşmamıza engel olur. Parçaları aramak demek onların çocukluğuna kadar inip hangi yaşta olmuş olursa olsun hala takılı kaldıkları olayın izini sürüp o sahneyi bulmak anlamına gelebilir. Onlara içlerindeki çocuğun gözlerinin içine bakarak saplanıp kaldıkları her neyse o bilgiyi bulabilsinler ve kendilerini ayrıştıran her neyse ve hala orada olan duygu her neyse (korku, kızgınlık, utanç) keşfetsinler ve yetişkin kendiyle kabullensinler diye yardımcı olurum.

Bunun tamamı göz göze yapılır.

O anda söylenmesi gereken her şeyi söylediklerinde her zaman onlara 'yetişkin kendi' olarak 'çocuk kendine' ellerini uzatmalarını isterim. Bazen bunu yaparlar bazen yapmazlar, ancak ister aynı seansta olsun ister bir sonrakinde eninde sonunda çocuğun bunu yapmasını sağlarız. Genellikle çocuk "Sana güvenebilir miyim?" diye sorar. Özünde yetişkinliği ile "buluşması" şarttır. Bu benim için öz enerjimiz veya içimizdeki müttefikle buluşmak gibidir. Gerçek özle birlik budur.

O yaşanan sahneden tekrar bulunduğumuz yere, ofise veya gruba çocuk ve yetişkin birlikte gökkuşağı merdiveni ile geri gelirler ve çocuk şimdiki zaman ile bütünleştirilir. Yetişkinler istisnasız bu deneyimin onlar için kökten bir değişime neden olduğunu söylerler. Bir danışanımın gönderdiği geri bildirimden yaptığım alıntıdan da görebileceğiniz gibi artık onları endişelendiren konulardan tetiklenmezler.

HAYATIMIN TÜM ALANLARINDA YOLUNDA GITMEYEN ŞEYLERI değiştirmek için bir çok farklı yol denedim. Sürekli eğitimlere katılıp başkalarında güçlü bir şekilde işe yarıyor gibi görünen araçları kullanıp işe yaramaları gerektiğini bilmeme rağmen neden bende işe yaramadıklarının farkında olmamak benim için inanılmaz derecede hayal kırıklığı yaratmıştı ve neredeyse vazgeçecektim. Çalıştığım birçok danışman arasından sadece bazıları beni travmayı ve istismarı görmemin kıyısına kadar getirdi ve daha sonra gerçekten ne yapmaları gerektiğini bilmedikleri için istismara açtıkları kapının önünde beni bırakıp gittiler. Bu benim için korkunçtu ve tekrar denemeye cesaret etmem çok zamanımı aldı...

Eve gitmek için sınıftan çıktığımda nefesimin her zamanki gibi yüzeysel olmadığını ve tüm bedenime ulaştığını ve sonunda ilk defa bedenimin içinde yaşadığımı fark ettim. Bedenim tamamen farklı hissediyordu. Varlığım bedenimle daha fazla bağlantıda olduğunu hissediyordu ve her şey daha hoştu. Bana sağladığınız alan için ve kendimle tekrar bağlantıda olmama yardımcı olan tüm o olağanüstü yeteneklerinizin varlığına sonsuz müteşekkirim. Bir daha asla eskisi gibi olmayacağını biliyorum ve artık olduğum hediyeye her an ulaşabileceğimin bilincindeyim.

BU ÖZÜN ENERJİSİ VE BENİM YAPTIĞIM DA BU. BU KAYBOLAN çocukları çağırıp, ki bunlar muhteşem varlıkların parçalanmış özleri, onların "içimizin derinliklerindeki çocuksu masumiyet, yani Tanrı" ile bağlantı kurmalarını ve insan olarak tüm seçeneklere, tüm güce ve her an her şeyle işbirliği içinde olmak için tüm kapasitelerine izin vermelerini sağlıyorum.

Özün ve bilmenin enerjisi olmadan kendinizi elinizde içinde parçaları eksik bir kullanma kılavuzunuz varmış gibi hissedersiniz. Yaşadığınız bölünmeden dolayı özün bütünlüğünü algılayamazsınız.

Bu çalışmada, çocukluğa inmeden önce, öncellikle önümde oturan kişinin, yetişkin kendinin, kendileri hakkındaki yargılarını, inançlarını ve olduklarını düşündükleri kişi olarak bedenledikleriyle ilgili her şeyi temizlemem gerekir. Beden zaten hiçbir zaman kendisine ait olmayan ebeveynlere, büyükanne ve büyükbabalara, kültürel inanç kalıplarına, yemin ve/veya sözlere ait olan yargı ve inançlardan arındığında genellikle geriye orada sıkışıp kalmış ve ne yapacaklarını bilmeyen çocuklar kalır. Bir parçamız bizi terk ettiğinde ve başka bir parçamız ise o dört yaşında yaşanan olayda sıkışıp kaldığında psikolojik olarak dengeleyici mekanizma devreye girer. O parça ölmez veya olay yerini terk etmez, mutfakta veya yatak odasında veya olay her nerede olduysa orada sıkışıp kalmıştır.

Bu şekilde gelişebilecek birçok olay var. Bu anne babanın birbirine bağırıp birinin terk etmekle tehdit etmesi gibi basit bir olay da olabilir. Ancak çocuğun duyduğu şey "Aman tanrım, güvenliğim tehdit altında!"dır. Bununla baş edemez veya bunun hakkında konuşamazlar ve böylelikle kendilerinden ayrılıp yatak odasındaki dolaba saklanırlar.

Kırk yıl sonra, terapiye geldiklerinde bu olay sorunun özünü teşkil ediyor olur.

Neyse ki burada sıkışıp kalmaya devam etmeleri gerekmez ve işte benim işimin devreye girdiği bölüm budur: Ayrılmaya neden olan olayı ve o olaydan üzerlerine aldıkları ancak kendilerine ait olmayan her şeyi fark edip serbest bıraktıktan sonra ayrılan parçayı geri getiririm. Zaten sorun hayatlarını gerçekten oldukları bütünlükten yaratmak yerine travma ve şoktayken oluşmuş o parçadan yaratmalarıdır.

Gidip diğer parçayı getirdiğimizde yukarıda danışanımın da anlatmış olduğu gibi hissederler; her şey değişti ve hiçbir şey asla eskisi gibi olmayacak. Artık kendi özleri, kendi enerjileri ve kendi oldukları sonsuz varlık ile bağlantıda olurlar ki bu olağanüstü ve büyüleyicidir ve işler ne kadar kötüye giderse gitsin, yeni olasılıklar ve seçimlerle dopdoludurlar.

Başka bir olasılık daha var.

Özün bütünlüğü ile nasıl bağlantı kurarız?

. . .

BÜTÜNLÜĞE BAĞLANMAK

PARÇAMIZ OLAN ÖZ ENERJININ PEK ÇOK ISMI VARDIR. TANRI veya evren, sonsuz biliş, ne olduğu önemli değil, bunu bizi hediyelendiren ve bizimle işbirliği yapan bariz bir şey olarak algılarız. Bilmenin enerjisi içseldir; o algımız, bilişimiz ve oluşumuz olan sezgiyi alma kapasitemizdir.

Bu enerjilerin daha farkında olmak için terapi ve sınıfların dışında uygulamalar ve doğuştan gelen bütünlüğünüzle bağlantıda olmak için kişisel olarak atabileceğiniz adımlar var.

DOĞAYA ÇIKIN

BENI ÖZE ULAŞMA YOLUMU KEŞFETMEKTE TUTAN ŞEYLERDEN birisi spor yapmak oldu. Futbol oynarken, doğa yürüyüşleri yaparken, bisiklete binerken, dağa tırmanırken kendimi güçlü, çevik ve bedenimde özgür hissediyordum ve her şeyi yapabileceğimi biliyordum. Bedenim ve dünya ile bir olma becerim ve yeteneğim sınırsızdı. Aktif olmak bana huzur veriyordu ve " Her şey yolunda" diye fısıldıyordu.

Bu alan enerjisinde olduğunuzda her şey mümkün ve evrene doğru genişleyip tüm moleküllerle bir olabilirsiniz. Bu temelde doğada bulunarak yeryüzüne şükran duymak ile ilgilidir.

Haydi, gidin bir ağaca sarılın. Çıplak ayak meditasyon yürüyüşleri yapın. Bedeninizin içinde olun, doğayla daha iç içe olun ve bunu içinize çekin.

SEVGILI BÜYÜKANNEM – ALIP KABUL ETME SANATI

BÜYÜKANNEM, BÜTÜNÜYLE KENDIM OLMA ENERJISINI ALIP kabul etmem için yaşamımda bana alan açan kişiydi.

Küçük bir çocukken yanında kendimi iyi hissettiğim kişi sadece büyükannemdi. Onda kaldığım zamanlarda her gün birlikte kiliseye yürüyüşler yapardık. O da kilise sıralarında bana duaları ezbere okurdu.

Bir gün yine okurken "Bir gün ruhum ve ben şifalanacağım" dedi. Aslında dua kitabında "ruhtan" bahsetmiyordu, kendisi eklemişti. "Ruh" kelimesini duyar duymaz ona dönüp baktım ve kulaklarım "Ruh ne demek?" diye çınladı.

Geriye baktığımda tüm hayatımın ruh ve özü aramak üzerine olduğunu fark ettim ki Ay ile yaşadığım o deneyimlerim bu konuya girmemin başlangıcı olmuştur.

Büyükannemin kucağında oturup elindeki damarı okşarken tekrar tekrar ilahileri ve duaları dinlemek, onun kelimeleri tekrarlaması beni çok rahatlatmıştı. Onun 'dini' sayesinde farkındalığım, algım, bilişim açıldı ve bu kendim olma lüksüne sahip olmamı sağladı. Hepimiz kendimiz dışında bize bir şekilde olduğumuz mükemmelliği yansıtacak en azından bir kişiye ihtiyaç duyarız. Böyle anlar bu realitenin ötesindeki bilişimize katkı sağlar. Oradan birliği doğal olarak seçeriz.

SORUN

· · ·

EĞER HATIRLARSANIZ İKINCI BÖLÜMDE EVRENLE IŞBIRLIĞI içinde olmak için soru sormanın öneminden bahsetmiştim. Sormak ve soruda kalmak bilişinizle bağlantıda olmanın doğal parçasıdır. Bu bir sonraki adımın ne olduğunu ve hayattan gerçekten ne istediğinizi sormak gibi basit bir şey olabilir.

Soruları sorarken ve cümleleri söylerken hedefime odaklanmanın özün ve bilmenin enerjisiyle bağlantıda olmanın çok faydalı olduğunu bizzat kendi yaşamımda gördüm. Aslında her sabah bunları şarkı şeklinde söylerim:

BUGÜN BEN KIMIM?

Hangi büyük ve muhteşem macera beni bekliyor?

Başka neler mümkün?

Bundan daha iyi nasıl olur?

Evren bugün bana güzel bir şey göster.

İçimde hangi enerji, alan ve bilinci yaratabilirim?

Bugün öze/bilmeye ne katkı verebilirim ve ne katkı alabilirim?

BAZEN "BUGÜN ANINDA DAHA ÇOK OYUN, EĞLENCE VE NEŞE yaratacak ne yapabilirim veya ne olabilirim?" gibi eğlenceli bir şeyler de ekliyorum.

Bazen işime aşağıdaki gibi sorular soruyorum:

FINANSAL OLARAK DAHA FAZLASINI BUGÜN YARATMAM IÇIN NE gerekli?

İşimin benden beklediği nedir?

İşim bugün ne yapmak ister?

Bugün kiminle görüşmem gerekir?

SAĞLIĞIM İÇİN ŞUNLARI SORABILIRIM:

BUGÜN BEDENIM NASIL HAREKET ETMEK ISTER?

Beni enerjik ve hafif hissettirmesi için bedenim bugün ne yemek ister?

BENI HER GÜN OLASILIK İÇINDE ZINDE VE CANLI TUTAN soru sorma şekilleri ile 'Özümün şarkısına' katkılarından dolayı Access Consciousness'ın kurucuları Gary Douglas ve Dr. Dain Heer'a teşekkürlerimi sunarım.

BIRAKMAK İYIDIR

BAZEN "TAMAM, BENIM ÇOK ÖTEMDE OLAN BIR ŞEYE TESLIM oluyorum" deyip işinize yaramayanları bırakmanız gerekir. Aslında bir şekilde tüm yaratım süreci büyük bir bırakma halidir; arzuladığınız bir şeye olan bağımlılığınızı bırakmaktır. Beklentiler, kararlar, yargılar, hükümler ve projeksiyonlar bilişinizi, algınızı ve alıp kabul etme yetinizi hiçe sayabilir.

Doğru olduğunu bildiğim şey evrenin bizi kutsamak için işbirliği içinde olduğudur. İstismardan ne kadar çok acı çekmiş olsam da ve hatta zaman zaman hiç yaşamak istemediysem de bilişimin enerjisi devam etmemi ve dolambaçlı sulardan geçip karşı kıyıya çıkabilmem için yol gösterip birçok kişiye yardımcı olacak değerli şeyler sunmamı sağladı.

Birçok insan bu gerçeklikte kaybolmuş durumda ve benim yedi yaşındayken çok net bir şekilde görmüş olduğum o enerjiye bağlanmak için terapi, meditasyon veya ruhsal topluluk arayışı içindeler. Şifalanmak ve daha derinden bir bağlantı kurmak adına bunların hepsini ben de yaptım.

Şimdi merak ettiğim şu....

Bu bir soru, harekete geçmek için bir çağrı, eğer isterseniz.

Yeryüzünün ruhu, evren ve kendi bilişinizle işbirliği içinde ve tüm bunlarla çalışmayı kapsayacak şekilde enerjinizi genişletebilseniz, her an her yerde ve her durumda bütünüyle desteklendiğimizi hissetmesek bile özün enerjisi olmamız için birlikte başka neler yaratabiliriz?

İçinizin derinliklerinde var olan özün enerjisinin ortaya çıkması ve şu andan itibaren sonsuza dek hayatınızın katalizörü olması için neler gerekir?

Ne de olsa dünya sizi *bekliyor*.

Bir sonraki bölümde hemen uygulamaya koyabileceğiniz, hayatınızda gerçek mutluluğu deneyimlemenize katkı olacak birkaç adım ve basit ancak güçlü ipuçları paylaşacağım. Ben bu adımları binlerce danışanım ile paylaştım.

İnanın işe yarıyor.

BÖLÜM 9

İÇİNİZDE VAR OLAN
MUTLULUĞUN ANAHTARI

*Hayatınızda birçok şeyden kaçıp durabilirsiniz ancak kendinizden
kaçamazsınız. Ve mutluluğun anahtarı kim olduğunuzu anlamak ve
kabul etmektir.*

— DALE ARCHER

Profesörümün bana elini uzattığı ve kaderimi
değiştiren o günden sonra birçok adım attım. Tabii ki
mutluluk bir günde gelmedi. Daha önce paylaştığım
gibi gerçekten dürüstçe mutlu olduğumu söyleyebilmem için
yirmi yıllık istismar geçmişimin üstesinden gelmem gerekti.
Artık neşe dolu, hafif ve özgür hissediyorum.

Bunu siz de yapabilirsiniz.

İstismara maruz kalmış olsanız da olmasanız da eğer bu kitabı
okuyorsanız muhtemelen hayatınızda bir şeyin bir tuzak veya
kafes olduğu duygusunu yaşıyor ve bir şekilde mutlu olma
olasılığından mahrum bırakılmış hissediyorsunuzdur. İyi
haber şu ki; kafesin anahtarı içinizin derinliklerinde ve onu
nasıl bulup kullanacağınız konusunda size yardımcı olabilirim.

. . .

BİRİNCİ ADIM: MUTSUZLUĞUNUZU KABUL EDİN

MUTLULUK SIZI BÜTÜNÜYLE GÖRÜYOR.

Mutsuzluğu görmezden gelmek onun yok olmasını sağlamaz. Aslında görmezden gelmek, istediğinizden çok daha uzun süre etrafınızda takılmasına neden olur. Aynen bir partide sinir bozucu bir davetlinin yapacağı gibi, görmezden gelirseniz mutlaka bir olay çıkarır!

Başkalarına itiraf etmek belki sizi mahcup ettiğinden belki de utandırdığından aslında ne kadar mutsuz olduğunuzu inkâr ediyor olabilirsiniz. Bu konuda yalnız değilsiniz. Ben başkalarına mutsuz olduğumu itiraf etmekten dehşete düşerdim.

Bununla birlikte mutsuzluğunuzu inkâr ettiğinizde kendinize önemli olmadığınızı söylersiniz. Bu aslında ihmalin ve istismarın bir şeklidir. Bir parçanızın karanlık bir dolapta terk edilmiş olmaktan dolayı ne kadar mutsuz olduğunu hayal edin. Bunu bir çocuğa yapar mıydınız? O halde kendinize de yapmayın!

Mutsuzluğunuzu kabul ettiğinizde deneyimlerinize ve kendinize değer vermiş olursunuz. Kendinize "Hey, ben önemliyim" demiş olursunuz. Bu yapabilecekleriniz veya olabileceklerinizle ilgili olasılıklarla dolu yepyeni bir dünyaya kapı açar.

Aynı zamanda zihniniz ve bedeniniz arasında bir köprü kurmaya başlamanıza yardımcı olur. Mutsuz kısmınızı dolapta terk edip bırakmak yerine siz bütünüyle devrede ve mevcutsunuzdur. İşte bu sizi başarıya götürür.

. . .

İKİNCİ ADIM: MUTLULUĞU SEÇİN

MUTLULUK SIRF EĞLENCESINE ONU SEÇMEKTIR

Yirmili yaşlarımın başındayken hayatımın daha iyi olacağını hiçbir zaman düşünmedim. Asla mutlu olacağıma inanmıyordum. Mutluluğun sadece başkaları için var olduğunu düşünüyordum. Üniversiteden mezun olduktan sonra, büyüdüğüm eve geri dönemeyeceğimi biliyordum. Bildiğim tek şey, dönmek benim için ölümle eş değerdi ancak ne yapmak istediğimden de emin değildim.

Üniversite profesörümün de ilhamıyla Arizona'ya taşınmaya ve orada Gençlik Kriz Merkezinde çalışmaya karar verdim. Bir fark yaratabileceğimden emin olduğum bir çevrede olmayı seçtim. Çocuk Koruma Kurumu ile çalışarak şiddete maruz kalmış çocukların güvenli bir ev, eğitim ve beslenme ihtiyaçlarını karşılıyorduk. Onlara danışmanlık da yapıyordum. Bütün çocukların güvende olduklarını, sevildiklerini ve önemsendiklerini bilmelerini istiyordum. Gece kafalarını yastığa koyduklarında hiçbir konuda endişelenmemelerini arzu ediyordum.

Bu çocuklara yardım etmek bana mutluluk verdi.

Onların müttefiki olurken kendimin de müttefiki oldum. Büyürken hiç görmemiş olduğum sevgiyi ve değeri kendime verdikçe kendim için farklı seçimler yapabileceğimi keşfettim.

Farklı seçimler yaptıkça geçmişte yaşadığım o acılara ilişkin her şey yavaş yavaş solmaya başlamıştı. Örneğin uyuşturucu kullanarak veya içki içerek kaçmaya çalışmak yerine beni iyi hissettiren aktiviteleri seçebilmek gibi. Seçimlerimi geçmişte yaptıklarıma dayanarak yapmak yerine *şu anda* olarak ve yapmak istediklerime göre yapıyordum.

Gerçekten mutluluğu seçebildim.

Sizin de seçim hakkınız var. Aynı şekilde siz de hayatınıza, sizin için eğlenceli olanı, sizi neşelendireni ve sizi mutlu edeni davet ederek mutluluğu seçebilirsiniz.

Sizin için neler eğlenceli? Bir hobi? Spor yapmak? Dans dersleri almak? Gönüllü olmak? Zihninizin arkalarında bir yerde size göre hiçbir anlam ifade etmeyen ancak yaptığınızda size mutluluk getireceğini bildiğiniz şey nedir? Bu belki çocukken yaptığınız bir şey olabilir veya hayatınızda daha önce hiç yapmadığınız veya hiç yapmayı hayal etmediğiniz bir şey olabilir. Bu her ne ise mutluluğunuza giden yol olabilir.

Seçin.

Mutluluğu seçin.

ÜÇÜNCÜ ADIM: MUTSUZLUĞA OLAN BAĞIMLILIĞINIZDAN KURTULUN

MUTLULUK KOLAYLIĞA IZIN VERMEKTIR.

Ne yazık ki birçok insan mutsuzluklarına bağımlıdırlar. Bu çılgınca geliyor değil mi? Neden insan mutsuzluğu *seçer* ki?

Anlaşılan bu konuda bir çok motivasyon olabiliyor.

AŞINA OLMAK.

İlgi çekmek için bir yol.

Bağ kurmak için bir yol. (toplumda ilişki kurmanın bir yolu da hayatta neyin işe yaramadığı ile ilgili şikâyet etmektir.)

İŞLER YOLUNDA GITMEDIĞINDE INSANLAR SIZI KAHVE içmeye, alışveriş yapmaya davet eder veya SPA merkezine gitmeyi teklif ederler.

Ancak her şey yolunda olduğunda insanlar size öfkelenebilir veya hangi uyuşturucuyu kullandığınızı merak edebilirler. Sizi desteklemeleri veya dışarıya çıkarmaları için aranmazlar. *Aslında insanlar başkalarının mutluluğu ve başarısıyla ne yapacaklarını bilmezler.*

Mutsuzluk bir alışkanlık haline gelmiş durumda. Kötümserlik yaygın. Yolunda gitmeyen işlerle mücadele etmek hayatlarımızın yakıtı oldu. Peki ya mutsuzluktan çıkmak için mücadele etmeye gerek yoksa?

Bağımlılıklar rahat-sızlıklardır.

Mutluluk rahatlıktır.

İçki bağımlılığı olan kişiler bu alışkanlıklarını bırakmak için çok çaba sarf ederler. Sonuç olarak sıkıca tutundukları şişeden vazgeçmek için desteğe ihtiyaçları olur.

Aynı şekilde mutsuzluk da bir bağımlılıktır. Sıkıca tutunduğunuz bu rahatsızlığa olan bağımlılığınızdan kurtulmak için her şeyi tek başına yapmanız gerektiği düşüncesinden vazgeçin ve destek talep etmeye gönüllü olun.

DÖRDÜNCÜ ADIM: DESTEK ALIN VE HİKÂYENİZİ PAYLAŞIN

MUTLULUK KENDINIZI HEDIYE OLARAK ALIP KABUL ETMEKTIR.

Kendi travmamın ve mutsuzluğumun üstesinden tek başıma gelmeye çalıştım ancak bu beni hiçbir yere götürmedi. İçinde bulunduğum acıya dayanamadığım için içki ve uyuşturucu kullanarak bir süreliğine kendimi hissizleştiriyordum.

Sonunda desteğe ihtiyacım olduğunu kendime itiraf edebildim ve elime geçirdiğim her kişisel gelişim kitabını okudum. Her ne kadar bana iyileşme ve mutluluk hakkında bilgi vermiş olsalar da yeterli değillerdi.

Üniversitedeki profesörüm bana ihtiyacım olan desteği vermeyi teklif etti ve bana hikâyemi paylaşabileceğim güvenli bir yer sundu. O ana kadar tüm sırlarım ve endişelerim ihmal edilmiş ve vazgeçilmiş bir şekilde bedenimde kilitlenmişti.

Kimi parçalarınız kilit altındayken gerçek mutluluğu nasıl deneyimleyebilirsiniz? Mutsuzluğu seçmeyi bırakıp mutluluğu seçmeye başlamanız için öncelikle mutsuzluğunuzun köküne inmelisiniz. Şimdiki hayatınızı etkileyen geçmiş olaylara, durumlara ve ilişkilere bakmanız gerekir.

Mutsuzluğun ağırlığının kalkması için bir profesyonelin (bu ister bir terapist, ister bir doktor veya farklı bir şifacı olsun) gözü ve kulağına sahip olmalısınız. Hikâyenizi bu şekilde paylaşmanız mutsuzluk kafesinizin kilidini açmaya başlar.

Bunu yaptığınızda kölelikten özgürlüğe, kısıtlamalardan olasılıklara doğru ilerlersiniz. Sizi şu anda bulunduğunuz yere getiren geçmişinizle yüzleşmeden ne şimdinizi ne de geleceğinizi yeniden yaratabilirsiniz. Hikâyenizi paylaşmalı, ondan öğrenip nasıl yeni bir hikâye yaratabileceğinizi keşfetmelisiniz.

Bir kere güvenilir bir danışmanın desteğini sağladığınızda artık tek başına mücadele etmek zorunda olmadığınızdan derin bir rahatlama hissi yaşarsınız.

BEŞİNCİ ADIM: İÇ SESİNİZİ DİNLEMEYİ ÖĞRENİN

MUTLULUK SESSIZLEŞEREK DUYDUKLARINIZA KULAK VERIP onları aynen yapmaktır.

Sizi yardım almaya teşvik edip sonra da kendi iç rehberinizi dinlemenizi söylemem belki garip gelebilir ancak her ikisi de önemlidir. Bir terapist ile çalışmak iç 'tıkanıklığınızın' çözülmesine yardımcı olur ve böylece iç rehberinize kanalize olup onu dinleyebilirsiniz. Sonuçta mutluluğunuzun anahtarı aslında iç sesinizin rehberliğinde yatmaktadır.

Birçok insan BMW sahibi olduğunda, kurumsal bir işleri olduğunda, 'doğru kişiyle' evlendiğinde, beyaz çitli bir eve ve birkaç çocuğa sahibi olduğunda mutlu olacağı hatasına düşer.

Fakat gerçek şu ki...

Hayatınızı sahip olmanız gerektiğini düşündüklerinizle veya başkalarının sahip olduklarına göre yaratmak mutsuzluğun biletidir. İçten dışarıya olması gerekirken dışardan içeriye seçim yapmanıza neden olur.

Acele etmeden iç sesinize yönelip onun bilgeliğinin kararlarınıza rehberlik etmesine izin verirseniz çok farklı seçimler yapmaya başlarsınız. Kendiniz ile güvene ve saygıya dayalı yeni bir ilişki yaratmaya başlarsınız. Bu kendiniz için ve başkaları ile birlikte mutluluk yaratmakta uzun süre etkili olacaktır.

Muhtemelen hayatınızın büyük bir kısmını başkalarının sesini dinlemekle geçirmişsinizdir ve bu nedenle kendi iç sesinize yönelip onu dinlemek biraz zamanınızı alabilir.

Aşağıdakiler iç sesinizi duymanızı güçlendirmek için günlük yapabileceğiniz alıştırmalardır:

ZAMANLAYICINIZI (EN AZINDAN) 5 DAKIKAYA AYARLAYIN.

Aşağıdaki soruları sorun:

Ben ne istiyorum?

Nasıl bir deneyim yaşamak istiyorum?

Bunu elde etmeme yardımcı olacak nedir?

HER BIRININ CEVABINI DINLEYIP BIR KENARA YAZIN. (Cevapları "çözmeye çalışmayın", sadece yazın, kendinizi düzeltmeden ve durdurmadan farkındalığın akışına bırakın)

İç rehberinizi dinleyip ona göre hareket ettiğinizde içten dışa doğru bir hayat yaşarsınız. Bu gerçek mutluluğa biletinizdir.

ALTINCI ADIM: OTLARI AYIKLAYIN VE YENİ TOHUMLAR EKİN

MUTLULUK KENDI BAHÇENIZI EKMEK IÇIN KENDINIZE IZIN vermektir.

Açık konuşmak gerekirse mutlu olmak istiyorsanız hayatınızdaki her şeyi sorgulamaya gönüllü olmalısınız. Mutlu olma seçiminize katkısı olmayacak *her şeyi* değiştirmeye gönüllü olmak zorundasınız.

Mutlu olmak "içsel bir iştir". Ancak etrafınızda olmalarına izin verdiğiniz insanlar, olaylar ve durumlar buna ya katkı sağlar ya da sizi mutluluktan uzaklaştırır.

Yıllardır yaptığınız şeylerin artık sizi tatmin etmediğini anlamaya ne kadar gönüllüsünüz? Ne sıklıkla değişimden kaçınırsınız?

Hayatınızı tıkayan otları temizlemeden mutlu olamazsınız. İşinize yaramayanları keşfettiğinizde:

ONLARA, SIZE VERDIKLERINDEN DOLAYI TEŞEKKÜR EDIN.

Onları çatışmaya girmeksizin sevgi ve şükranla serbest bırakın.

ŞIMDI OTLARI TEMIZLEDIĞINIZE GÖRE YENI TOHUM EKMEK için yer açıldı. Şunu sorun "Beni ne mutlu eder?".

Tüm bu adımları gerçekleştirmek için yaptığınız her şey mutluluk tohumları ekmenizde size yardımcı olacaktır. Ve her bahçıvanın yaptığı gibi siz de hayatınızın bahçesini düzenli olarak otlardan temizleyip yeni tohumlar ekerek düzenlemelisiniz.

YEDİNCİ ADIM: MUHTEŞEMLİĞİNİZİ SERBEST BIRAKIN

MUTLULUK BILINMEYENE ATLAYIP ALTINIZDA BIR AĞIN ORTAYA çıkacağını bilmektir.

Şimdi her şey gerçekten güzelleşiyor– hatta güzelden de fazlası.

Muhteşem oluyor.

Birinci adımdan altıncı adıma kadar yaptıklarınızla size aşina olan tüm referans noktalarının çok ötesinde bir hayat yaratmaya başladınız. Olabileceğiniz veya yapabileceklerinizle ilgili artık hiçbir kısıtlama yok. Tüm yeni olasılıkların yaratıcısı haline geldiniz.

Şimdi "Muhteşemliğinizi serbest bırakın" ve daha önce mümkün olacağını hiç düşünmediğiniz kadar çok mutluluğa atlayın.

İşte tam burası işin püf noktası...

Kendinizden şüphe edip sorgulamaya başlayabilirsiniz, "Gerçekten bunların hepsine sahip olabilir miyim?" (Üçüncü adımı ve mutsuzluğa olan bağımlılığı hatırlayın) veya atlamaktan korkuyor olabilirsiniz.

"BIR AĞ OLACAK MI?"

"Yüz üstü düşecek miyim?"

Bu olduğunda seçim yine sizin olacaktır.

"Evrenin beni desteklediğine mi yoksa bana karşı olduğuna mı inanmayı seçeyim?"

HAVAYI GÖRMESEM DE INANIRIM. SOMUT DEĞIL VE ELIMLE tutamam ancak onsuz da yaşayamam. Aynı şekilde evrenin arkanızı kolladığını ve bir ağın ortaya çıkacağını bilerek atlayın.

Bunu yaptığınızda hep mümkün olduğunu hayal ettiğiniz hayata fırlatılacaksınız. Ve ektiğiniz tohumlar da daha fazla olasılık olarak açacaklar.

Şunu bilin ki mutsuz olduğunuzu fark etmeden, mutluluğu seçmeden, mutsuzluğa olan bağımlılığınızdan kurtulmadan, destek almadan, dinlemeden, otları temizleyip yeni tohum ekmeden mutluluğa atlayamayacaksınız.

Şimdi kendinizi salıvermeye hazırsınız.

Başarıya giden altın yol gibi bu adımlar mutluluğunuza ulaşmanızın mükemmel formülüdür.

Esas soru, bunu seçecek misiniz?

Mutluluk doğuştan gelen ilahi hakkınızdır.

SON SÖZ

Mutluluğa inanmak için kendinize izin verin ve onu kucaklayın.
Her şey ile dans ettiğinizi göreceksiniz.
~ Ralph Waldo Emerson

Eğer okuduklarınız size bir şekilde radikal bir bakış açısı gibi geldiyse, evet beklediğimiz de tam olarak bu.

Hep kendinizi küçülterek yaşadıysanız, enerjinizi kontrol edip bölüştürdüyseniz ve hareket alanınızın kısıtlı olduğu dar bir çemberde, istismarın görünmez kafesinde hapsolduysanız bir şeyleri tamamen farklı bir şekilde yapmak size fantastik hatta belki hayal dünyanızın da ötesinde gibi gelebilir....

Radikal Orgazmik Canlı Gerçekliği yaşamak.

Veya benim söylemeyi çok sevdiğim ifademle

ROAR'ınızı yaşamak.

Gerçeği söylemek gerekirse burada size sunduklarım sadece bir başlangıç, sizi bütünüyle yaşam dolu olmaya doğru yönlendirecek bir nevi destek, 'İstismarın Kıçına Tekmeyi Vurun' kitabım gibi.

(Daha fazlasını öğrenmek isterseniz *İstismarın Kıçına Tekmeyi Vurun* kitabım basıldığında almayı ihmal etmeyin veya websitemi www.DrLisaCooney.com ziyaret edin.)

Yine de, size başlangıçta söz verdiğim gibi size sunduğum araçlar – kavramlar, ipuçları ve adımlar – direnç bataklığından çıkmanıza ve sizi kısıtlı alanda bağlı tutan iplerinizden kurtulmanıza rehberlik edecektir.

Direncin birçok şekli vardır ve birçoğu oldukça 'gerçek' ve inanılabilir görünür. İstediklerinizi yapabilmeniz için paranız, zamanınız, enerjiniz, bilginiz ve yetenekleriniz gerçekten yokmuş gibi görünebilir.

Ancak bunlar sebepler veya bahaneler değildir.

Bunlar yaratımlardır.

Ve bunların hepsi "Bende bir şeyler yanlış... görüyor musun?" fikrinden doğmuşlardır.

Direnç hakkında söylenecek tek şey; o her zaman sizinle istediğiniz arasında durur. Sonuçta bunların hepsi, tek hedefi sizin güvenli bildiğinizin ve algıladığınızın dışına çıkma girişiminizi engellemek için tasarlanmış olan yaratımlar, maskelenmiş bahanelerdir.

Aslında daha yakından baktığınızda bu tür bir güvenlik, bir noktada kendinizi korumak bağlamında yarattığınız göreceli, hareketli bir hedeftir. İstismar geçmişinizden yaratılmış olan görünmez istismar kafesinde yaşadığınızda gerçekte güvenli olan nedir ki?

Bir daha direnç hissettiğinizde, bir şeylerle yüzleşmeye korktuğunuzda veya her şeyi deneyip hiçbir şeyin işe yaramadığını düşündüğünüzde kendinize sorabileceğiniz birkaç soru:

Beni durdurduğunu bilseydim bunu bırakmaya gönüllü olur muydum?

Bununla ilgili tüm yargılarımı bırakmaya gönüllü müyüm?

'X'i 'y'ye değişmeye gönüllü müyüm?

Son olarak gerçek güvenliği kendi farkındalığınızla anda olarak sadece genişleme ve bilinçle deneyimleyebilirsiniz. Bunu içinizde var olan bilincin size fısıldayışını fark etmeyi ve dinlemeyi öğrenerek, duyduklarınıza güvenip an be an ona göre hareket ederek yaparsınız.

Bu mutluluğu seçmek ve size rehberlik etmesine izin vermektir.

Kendiniz için seçim yaptığınızda sizin için mümkün olan kolaylığa, hafifliğe, neşeye ve eğlenceye doğru genişlersiniz.

Ve son olarak nezaket içinde yaşamayı öğrenmek...

Başkaları için, gezegen için ve en önemlisi...

Kendiniz için.

YAZAR HAKKINDA

Dr. Lisa Cooney istismarın ötesine geçme konusunda uzman ve kişisel dönüşüm alanında üretici, yaratıcı bir liderdir. Evlilik ve aile danışmanlığı konusunda doktora derecesi olan lisanslı bir terapisttir, Master Theta Healer, sertifikalı Access Consciousness® eğitmeni, Kendin Ol!, Her şeyin Ötesinde! Sihir Yarat! ve ROAR'ınızı Yaşayın'ın yaratıcısıdır.

Uluslararası kabul edilmiş bir uzman olarak Dr. Lisa binlerce kişiyle çalışıp çocukluklarında yaşadıkları cinsel veya herhangi başka bir istismarın üstesinden gelmelerine ve "Radikal Orgazmik Canlı Gerçekliği" (ROAR) yaşamalarına destek olmuştur.

Yaptığı işin sihri, çocukluk istismarlarından ve geçirmiş olduğu ölümcül hastalıktan kendisini şifalandırmak için kullanmış olduğu ana kavramların özünü çalışmalarının merkezine almış olmasındadır. Bu prensipler 4 C'ler dâhil – (Choosing) Kendiniz için Seçim yapmak, (Committing) kendinizi kendinize adamak, (Collaborating) evrenle evrenin sizi kolladığını bilerek onunla işbirliği yapmak ve (Creating) arzuladığınız yaşamı yaratmak – derin ve kalıcı dönüşümün mihenk taşlarıdır.

Bedenin dönüştürücü bilgeliğine yaptığı devrimci ve aydınlatıcı katkılarının dışında ayrıca Access Consciouness'ın yaratıcı araçlarını ve başka yöntemleri de kullanarak insanların tüm engellerin ötesine geçip kendi biliş alanlarına ulaşmalarına yardımcı olmuştur ki bu alanda kişilerin bilincin fısıltılarına doğrudan ulaşma imkânları vardır.

Dr. Lisa, "Ben bunu yaşıyorum!...Her ne olursa!" olarak bilinen yaklaşımı ile insanlara bu sihirli ve oluşturucu enerjiyi kullanarak nasıl kolaylıkla kendileri için eğlenceli, hafif ve doğru bir hayat yaratabileceklerini öğretmektedir.